Wiebke Wetschera

Grüne Glücksorte in Hannover

Geh raus und blüh auf

Droste Verlag

Dieses Buch gehört

....

....

....

Liebe Glücksuchende,

was das grüne Glück angeht, wird Hannover deutschlandweit unterschätzt. Für Kenner der Stadt ist das ziemlich verwunderlich. Schließlich ist allein der Stadtwald Eilenriede 640 Hektar groß und zählt damit europaweit zu den größten Wäldern im Herzen einer Großstadt – nicht mal der berühmte Hyde Park in London kann da mithalten. Auf der Reise zu den 80 Grünen Glücksorten wird der Titel erfahrbar, mit dem die Stadt schon lange für sich wirbt: grüne Metropole.

Hannover hat über das gesamte Stadtgebiet und auch drumherum unheimlich viele grüne Ecken, die es zu entdecken gilt: Orte, an denen man an der frischen Luft aktiv werden kann, grüne Sehenswürdigkeiten und noch geheime Orte in der Natur. Draußen sein, die Sonnenstrahlen auf der Haut spüren, die Freiheit genießen und die schönen Details der Landschaft entdecken – das ist, was das Leben noch schöner macht. Und 80 grüne Glücksorte in Hannover sind 80 Orte, die einem ein Lächeln ins Gesicht zaubern.

Ihre Wiebke Wetschera

Deine Glücksorte ...

... noch mehr Glück für dich

So grün ist Hannover

 Grandiose Ausblicke vom Neuen Rathaus

Wer jemals in einem Flugzeug gesessen hat, der weiß die Aussicht von oben zu schätzen. Wenn Stadt und Natur unter einem plötzlich kleiner werden und einem die Stadt in ihrer vollen Größe bewusst wird. Um Hannover als grüne Stadt im Ganzen zu erleben, lohnt sich ein Besuch der Aussichtsplattform auf dem Neuen Rathaus. Am Wochenende tummeln sich hier viele Touristen, vielleicht muss man mal ein wenig anstehen. Ein Besuch unter der Woche ist also empfehlenswert. Der Fahrstuhl in Richtung Aussichtsplattform ist einer, mit dem man lieber nicht stecken bleiben will. Recht klein – inklusive Blick in die Tiefe dank seines Glasbodens. Die Fahrt bis auf 97 Meter ist einmalig, denn der weltweit einzigartige Bogenaufzug macht seinem Namen alle Ehre und fährt in einem Bogen nach oben. Umso glücklicher ist man, wenn man heile oben angekommen ist. Eine passende Anekdote für die nächste Party hat man nun auch schon erlebt. Dann noch ein paar Treppenstufen aus dem Dunkel der Rathausmauern heraus auf eine der drei Aussichtsplattformen laufen. Oben angekommen, bietet sich ein Ausblick über die ganze Stadt, und schnell wird klar, wie grün Hannover ist. Die Augen wandern über den großen Stadtwald Eilenriede, den beliebten Maschsee. Bei gutem Wetter reicht die Aussicht sogar bis zum Höhenzug Deister – an so vielen Ecken der Stadt sind grüne Orte zu erkennen. Die Plattform schlängelt sich um den Rathausturm, sodass ein 360-Grad-Ausblick möglich ist. Am schönsten ist aber der Blick in südliche Richtung über den Maschpark mit Maschteich bis hin zum Maschsee. Umrahmt sind die beiden Seen von grünen Wiesen und zahlreichen Bäumen, auch bei dem Blick auf das Stadtzentrum fallen immer wieder grüne Bereiche der Stadt ins Auge. Es ist wie in einem Flugzeug zu sitzen und erst hier oben die gesamte Dimension begreifen zu können. Ein Ausflug auf die Aussichtsplattform des Neuen Rathauses ist der perfekte Ort, um zu begreifen, wie grün Hannover ist. Die Stadt hat so viele grüne Glücksorte zu bieten, die entdeckt werden wollen.

⊙ Aussichtsplattform Neues Rathaus, Trammplatz 2, 30159 Hannover
⊙ ÖPNV: U-Bahn 1, 2, 4, 5, 6, 8, 11, Haltestelle Aegidientorplatz

Bis tief in die Nacht

2   *Freunde treffen im Ihmepark*

Das Wetter ist schön? Dann lässt der Trubel im Ihmepark nicht lange auf sich warten. Die Grünfläche am Ufer der Ihme ist nicht nur bei den Lindenern beliebt. Hier trifft eine großzügige Grünfläche auf das vergilbte Grau der Stadt: denn während im grünen Gras gegrillt und gepicknickt wird, wandert der Blick auf die heruntergekommene Fassade des Ihmezentrums. Das riesige Gebäude ist ein ehemaliges Einkaufszentrum und wird heute noch als Wohn- und Bürogebäude genutzt. Bunte Graffitis auf grauem Beton – urbaner Charme im Lindener Ihmepark. Jung und Alt sitzen hier dicht an dicht, der Geruch von Gegrilltem liegt in der Luft, das Zischen der Bierflaschen beim Öffnen ist zu hören. Hier werden Unbekannte zu Freunden, wenn man sich gemeinsam eine Flasche Wein teilt oder bei einer Bratwurst ins Gespräch kommt. Genau das macht den Charme des Ihmeparks aus, denn so ist er einzigartig unter den Parks in Hannover. Die Besucher des Ihmeparks mögen den Trubel und nutzen ihn, um neue Bekanntschaften zu machen. Sie sind vertieft in spannende Gespräche mit alten und neuen Freunden, reden über Gott und die Welt, und das muntere Gebrabbel erfüllt den ganzen Ihmepark. Fest steht, wer auf der Suche nach Ruhe ist, der ist an einem anderen Ort in Hannover besser aufgehoben. Der Ihmepark ist voller Leben, er ist laut und riecht nach Alkohol, Zigaretten und Essen. Picknickdecken liegen eng beieinander. Auch Spaziergänger und Radfahrer beobachten das muntere Treiben im Ihmepark quasi im Vorbeikommen. Nicht selten endet der kurze Spaziergang auf der Picknickdecke eines entfernten Bekannten, der auf ein gemeinsames kaltes Bier im Ihmepark einlädt. Die Atmosphäre ist ein Magnet für viele Menschen. Und so sitzen sie dort bis in die Abendstunden, wenn die Sonne schon hinter dem Horizont verschwunden ist und die warmen Brüder, die zwei Türme des Heizkraftwerks Linden, rot und blau erleuchtet in den dunklen Nachthimmel ragen. Fest steht: Jeder Abend im Ihmepark ist ein Erlebnis.

●●●

Ihmepark, Peter-Fechter-Ufer, 30169 Hannover
ÖPNV: U-Bahn 9, Haltestelle Schwarzer Bär

Eine lebendige Mischung

3 *Abwechslungsreicher Spaziergang am Lindener Berg*

Man nehme eine Stunde Zeit, ergänze sie mit der Lust, etwas Natur zu entdecken, und gleichzeitig etwas über die Stadt zu lernen. Fertig sind die perfekten Voraussetzungen, um die Mix-Tour des Stadtteilmagazins „Punkt Linden" am Lindener Berg mitzumachen. Der Rundweg besteht aus 14 Stationen und ist genau das Richtige, wenn es mal kein normaler Spaziergang sein soll. Klar, für die Sternwarte und die Aussicht auf Hannover ist der Lindener Berg bekannt. Aber der Lehrpfad bietet darüber hinaus die Möglichkeit, auf einem gemütlichen Spaziergang viel Neues zu entdecken. Den Plan kann man auf der Website von Punkt Linden finden, einfach ausdrucken und mitnehmen. Der Rundgang startet an der Martinskirche und endet bei den Kleingärten am Lindener Berg. Das Schöne an dieser Tour ist, dass man sie nach Belieben anpassen kann. Vielleicht soll es für den einen mehr Zeit auf der Aussichtsplattform sein, für den anderen ein ausgedehnter Spaziergang durch die Kleingärten, der nächste macht nur die Hälfte der Tour und hebt sich die andere für einen kommenden Ausflug auf. Es ist einfach wundervoll, durch die farbenfrohe Natur des Lindener Bergs zu laufen. Der Blick schweift vom grünen Gras zum lilablauen Blütenmeer der Scillablüten. Am liebsten würde man sich hineinlegen, so einladend sehen die kleinen Pflanzen aus. Apropos einladend: Nichts geht über eine Pause im Biergarten des Lindener Turms. Die ehemalige Windmühle ist übrigens das älteste noch erhaltene Bauwerk des Stadtteils. Mit dem belebten Biergarten wird ihr wieder Leben eingehaucht. Das laute Gemurmel der Menschen, das Klirren der Gläser und das Leuchten der Lichterketten bilden eine schöne Kulisse für ein kühles Bier und eine heiße Currywurst. Fest steht, dass die Tour von allem ein bisschen was hat – Natur, Geschichte und Aussicht. Immerhin kommt der Lindener Berg auf eine Höhe von 89 Metern und liegt damit etwa 35 Meter höher als die umliegenden Stadtteile.

TIPP Kürbis in allen Formen und Farben gibt's beim jährlichen Kürbisfest zum Herbstanfang im Biergarten.

● Lindener Berg, 30449 Hannover
● ÖPNV: Bus 200, Haltestelle Zur Sternwarte

Über den Dingen

4 *Gipfelglück am Kronsberg*

Über den Dingen zu schweben und auf sie hinabzublicken, hilft oft, mal ein bisschen loszulassen. Ein grüner Glücksort lädt dank seiner Höhe von 118 Metern ganz besonders dazu sein: der Kronsberg am südöstlichen Rand der Stadt. Der Kronsberg, ein 6 Kilometer langer Hügelrücken aus Kalkmergel, ist die höchste von der Natur erschaffene Erhebung in und um Hannover. Auf dem nördlichen Aussichtshügel lässt sich in stressigen Momenten wieder Energie tanken. Der Aufstieg ist nicht mehr als ein kleiner Spaziergang, der Ausblick aber als hätte man eine schwere Wanderung absolviert. Oben angekommen, wartet sogar ein mächtiges Gipfelkreuz aus Holz, in das die Höhe des Kronsbergs eingeritzt wurde. Der Kronsberg ist wie ein kleines Naherholungsgebiet in Stadtnähe. Zwar wurden die Wohngebiete am Berg in den vergangenen Jahren immer größer, trotzdem kommt das Naturgefühl hier nicht zu kurz – weite Wiesen und Felder reihen sich an kleine Alleen. Hier gibt es zahlreiche Möglichkeiten, um einen schönen Tag im Grünen zu verbringen. Wie wäre es beispielsweise mit einem Picknick auf der bunten Blumenwiese?

TIPP *Nach dem Spaziergang gibt's im Café Parthier & Chocolaterie handgefertigte Trüffelpralinen.* Wer Ausblicke über die Stadt mag, der kommt hier ohnehin auf seine Kosten: Wenn das Wetter günstig ist, blickt man von hier problemlos über ganz Hannover bis zum Deister. Für die Aktiven gibt es genug Wege zum Wandern oder Radfahren durch die anliegenden Naturschutzgebiete.

Ganz besonders ist ein Ausflug in den frühen Morgenstunden: Wenn die Sonne nach und nach durch die Baumkronen scheint und die grünen Wiesen am Kronsberg zum Leuchten bringt, strahlt die Landschaft Friedlichkeit aus. Man beginnt den Tag mit Vogelgezwitscher im Ohr, dem Geruch der saftigen Wiesen in der Nase und dem Blick auf ganz Hannover. Viele Hannoveraner wissen den Kronsberg vor allem an Silvester zu schätzen, denn von hier lässt sich das Feuerwerk der Stadt bestaunen. Doch auch das restliche Jahr über ist der Kronsberg magisch. Wenn die Stadt nur noch ganz klein ist und der Blick in die Ferne schweift, einmal ganz tief durchatmen, lächeln und glücklich sein.

Kronsberg, 30539 Hannover
ÖPNV: U-Bahn 6, Haltestelle Kronsberg

Die Ruhe im Detail

5 *Grünes Idyll auf dem Engesohder Friedhof*

Die Sonne strahlt durch die Torbögen, die von grünen Blättern umrankt sind. Nur die eigenen Schritte sind auf dem grauen Asphalt zu hören, denn ansonsten ist es hier vor allem eins: still. Der Engesohder Friedhof am Rande der Döhrener Feldmark ist das Paradies für all jene, die auf der Suche nach Ruhe sind. Früher haben wohlhabende Hannoveraner das Gebiet unweit der Hildesheimer Straße für ihre Familiengrabstätten ausgewählt, heute lädt er zu einem ausgiebigen Spaziergang zwischen Engelsskulpturen und Mausoleen ein. Hier lässt sich die Zeit vergessen, während man die verzweigten Wege entlangläuft und den Blick über grüne Wiesen, graue Steine und große Bäume schweifen lässt. Ein Friedhof ist auf den ersten Blick vermutlich kein richtiger Glücksort. Auf den zweiten ist es der in Engesohde aber schon, denn heute ist er vielmehr ein schön gestalteter Park als eine Ruhestätte. An jeder Ecke entdeckt man auf seinem Spaziergang etwas Besonderes – ob aufwendig gestaltete Brunnen, farbenfrohe Pflanzen oder kleine Details an großen Steinwänden. Das Schönste hier ist aber ein kleiner gepflasterter Weg mitten im Grünen. Hier läuft man unter Torbögen aus Kletterpflanzen hindurch. Scheint die Sonne, strahlen sie in saftigem Grün und werfen dunkle Schatten auf den kleinen, beschaulichen Weg. Wer über den Engesohder Friedhof läuft, begibt sich nicht nur ins Grüne sondern auch auf eine Reise in die Vergangenheit, während man sich beim Spazieren die mittlerweile mit Moos überzogenen Grabmäler anschaut. Die in den farblosen Stein gemeißelten Jahreszahlen liegen meist über 200 Jahre zurück. Am schönsten ist der Spaziergang im Abendlicht, wenn die Sonne sich langsam in Richtung Horizont begibt. Perfekt also für einen Ausflug zum Feierabend. Hier gibt es eine Prise frische Luft und eine Portion Ruhe umsonst. Wer mal ein wenig Abstand von seinem Alltag oder der modernen Gegenwart braucht, ist auf dem Engesohder Friedhof definitiv gut aufgehoben.

· ·

Engesohder Friedhof, Orli-Wald-Allee 2, 30173 Hannover
ÖPNV: U-Bahn 1, 2, 8, Haltestelle Altenbekener Damm

Yoga im Grünen

6 *Namasté auf der Hoppenstedtwiese*

Das Gras leuchtet grün im Sonnenschein auf der Hoppenstedtwiese. Einige Fahrradfahrer machen eine kleine Pause, ein Pärchen hat es sich auf einer Picknickdecke gemütlich gemacht und ein junger Mann macht Liegestütze im Gras. Die Hoppenstedtwiese ist immer da, wenn man mal eine Wiese braucht. Sie ist weitläufig genug, sodass man sich nicht in die Quere kommt. Einige Bäume in der Mitte der Wiese spenden Schatten an besonders heißen und sonnigen Tagen. An Wochenenden und bei sehr gutem Wetter lockt es viele Hannoveraner hierher, doch am Rand der Wiese findet sich immer ein abgeschiedenes Plätzchen, um ein wenig Ruhe zu genießen. Die Chance auf eine menschenleere Wiese gibt es hingegen in den frühen Morgenstunden.

Im Schatten der Bezirkssportanlage ist die Hoppenstedtwiese daher der optimale Ort für eine Runde Yoga. Schon beim ersten tiefen Atemzug wird deutlich, wie gut die Luft hier tut und wie wohl einem wird, wenn man die leichten Sonnenstrahlen auf der Haut spürt. Vielleicht bietet die Wiese heute die perfekte Gelegenheit für eine intensive Yin-Yoga-Einheit, vielleicht für eine anstrengende Runde Power-Yoga oder aber eine befreiende Meditation. Einfach das Handtuch ausrollen und in eine wohltuende Yoga-Einheit abtauchen. Wegen ihrer Größe eignet sich die Wiese auch wunderbar für ein gemeinsames Yoga mit Freundinnen oder Freunden.

TIPP *Im Mountainbike-Parcours unweit der Wiese kommen bewegungshungrige Radler auf ihre Kosten.*

Und wenn Yoga nicht so zu den Lieblingsbeschäftigungen gehört, dann tut es auch eine Fahrradtour oder ein Spaziergang zur Hoppenstedtwiese. Dann einfach auf eine Decke legen und entspannen. Und da ist man schon fast wieder beim Yoga, denn eine wichtige Lehre davon ist schließlich, auf den eigenen Körper zu hören und genau das zu machen, was einem in dem Moment guttut. Auch wenn die Picknickdecke zu einem kleinen Nickerchen in der Sonne einlädt.

Hoppenstedtwiese, Hoppenstedtstraße, 30173 Hannover
ÖPNV: U-Bahn 1, 2, 8, Haltestelle Altenbekener Damm

Sich verlieren

7 *Das Rad in der Eilenriede*

Labyrinthe haben immer etwas Mystisches an sich. Nie weiß man, ob man am Ende am Ziel ankommt oder sich unterwegs verirrt. Im Stadtwald Eilenriede gibt es das Rad – ein Labyrinth der etwas anderen Art. Hier stehen keine riesigen Hecken auf dem Boden, die einem die Weitsicht verdecken. Im Gegenteil: Das Rasenlabyrinth kommt mit nur zentimeterhohem Rasen und etwas Kies aus – und ist deutschlandweit eines der letzten seiner Art. Es wurde 1642 zum ersten Mal in der Stadtchronik von Hannover erwähnt. Das Ziel des Labyrinths ist eine in der Mitte stehende Linde, die man über die kreisförmig angelegten Wege drumherum erreicht. Anders als bei normalen Labyrinthen geht es hier nicht darum, sich darin zu verlaufen, sondern über Umwege ans Ziel zu kommen. Ganz nach dem Motto: Alle Wege führen ans Ziel. Das kann aber schon mal etwas dauern, denn gerade, wenn man denkt, dass man nach der nächsten Kurve doch im Ziel sein müsste, führt der Weg aus einem der inneren Kreise plötzlich wieder nach außen. Früher soll das Rasenlabyrinth wohl für rituelle Tänze genutzt worden sein, um die eigene Lebensordnung mit der Natur in Einklang zu bringen. Zwar finden hier heute keine Tänze mehr statt, aber ein Stück der alten Bedeutung ist geblieben. Denn ist es nicht auch heute so, dass wir unseren eigenen Weg im Leben finden und verschlungene Wege gehen müssen, um ans Ziel zu kommen? Mal biegen wir falsch ab und müssen zurück, mal nehmen wir Umwege, weil wir den richtigen Weg nicht kennen, aber irgendwie kommen wir dann doch immer an.

Das Rad in der Eilenriede ist ein ganz anderer grüner Glücksort. Mitten im Stadtwald Eilenriede ist in diesem magischen Kreis nämlich Denken gefragt. Schon nach wenigen Minuten vergisst man alles um sich herum und gibt sich ganz dem Rasenlabyrinth hin. Es kann so wunderbar sein, sich selbst mal zu verlieren – im Labyrinth wie im wahren Leben.

● Rad im Stadtwald Eilenriede, Zugang über Bernadotteallee, 30177 Hannover
● ÖPNV: U-Bahn 11, Haltestelle Zoo

Wie im Märchen

8 *Auszeit im Waldcafé Milchhäuschen*

Es war einmal ein kleines Stübchen mitten in der Eilenriede. Schon seit Jahren kamen Fahrradfahrer und Spaziergänger aus Hannover in das kleine Waldcafé im Norden des Stadtwaldes, um sich dort eine kleine Pause zu gönnen. Hier sitzt man inmitten von Bäumen, deren Rinden mit ihren Kerben von einem langen Leben gezeichnet sind, und umgeben von Efeu, das den Ort verwunschen wirken lässt. Der Blick geht auf eine Wiese, eine große Lichtung im sonst recht dichten Wald. Es gibt wohl kaum einen fantastischeren Ort für eine kurze Auszeit zwischendurch: Im Winter locken heiße Schokolade und Waffeln in das Waldcafé Milchhäuschen. Vor allem wenn die Nase vor Kälte schon ganz rot ist und die Hände fast eingefroren sind, tun das wärmende Getränk und die Gemütlichkeit im Café besonders gut. Dann heißt es: hinsetzen und genießen. Im Sommer hingegen steht Abkühlung auf dem Programm: Im Schatten der Bäume vielleicht mit einem Kaltgetränk und einer Kleinigkeit für den Hunger zwischendurch. Die Spezialität des Hauses ist aber die Buttermilch, die vor allem bei warmen Temperaturen herrlich erfrischend ist. Gesellig sitzt man mit Freunden oder der

TIPP *Nach einem langen Spaziergang durch die Eilenriede den Nachmittag im Café ausklingen lassen.*

Familie beisammen und genießt den Nachmittag im gemütlichen Milchhäuschen. Die fabelhafte, verspielte Dekoration des Cafés erzeugt einen ganz eigenen Charme. Und so verwundert es nicht, dass in dieser entrückten Welt mitten im Stadtwald Eilenriede der Schlitten des Weihnachtsmanns das ganze Jahr über auf der Terrasse steht und zwischen den bunten Blumen Rehe, Fahrräder oder Puppen darauf warten, entdeckt zu werden. Und bis der letzte Schluck aus der Kaffeetasse getrunken wurde, gibt es in jeder Ecke noch ein neues Detail zu entdecken. Aus Lebkuchen ist das urige Milchhäuschen zwar nicht erbaut, trotzdem ist jeder Besuch im Milchhäuschen wahrlich märchenhaft.

> Waldcafé Milchhäuschen, Wilhelm-Busch-Weg 10, 30161 Hannover, Tel. (01 60) 93 52 42 79
> ÖPNV: U-Bahn 11, Haltestelle Zoo, von dort den Schildern folgen

Mal leise, mal laut

9   *Unterwegs am Leineufer*

Dick und farbenprächtig stehen sie da: die Nana-Figuren am Leibnizufer. Sie sind immer wieder ein Hingucker. Sorgten sie bei ihrer Aufstellung vor rund 50 Jahren noch für Aufruhr, gehören sie heute wie selbstverständlich zum Stadtbild Hannovers dazu. Rund um die bunten Kunstfiguren bieten sich viele Möglichkeiten, um den Blick auf die Leine zu genießen. Wie wäre es zum Beispiel mit einem Spaziergang entlang des Leineufers? Einfach das Leibnizufer bis zur Goethebrücke entlanglaufen und dann auf der Seite des Hohen Ufers zurück und dabei den Blick von der anderen Seite genießen. Auf beiden Seiten kann man ebenso hinunter ans Wasser gehen, um die Leine von Nahem zu betrachten. Am schönsten ist es, wenn man von der Altstadt kommend den Weg bis zur Schlossbrücke geht, denn von hier hat man einen wunderbaren Blick in beide Richtungen der Leine. Egal in welche man schaut, man sieht immer in Richtung eines Wahrzeichens der Stadt – über die Leine in Richtung Nanas und über das Wasser zu den Türmen des Neuen Rathauses. Am besten also auf der Schlossbrücke stehen bleiben und sich einmal um die eigene Achse drehen. So kann man den Rundumblick an der Leine besonders gut genießen. Nach einem Spaziergang lässt man sich einfach auf einer der Grünflächen am Leineufer nieder und genießt ein Kaltgetränk. Auch von hier lässt sich dem Flussreiben zusehen und eine kleine Pause vom Alltag genießen. Wer es wuseliger mag, für den ist der Besuch des Leineufers am Samstag unverzichtbar, denn dann erwacht der Altstadt-Flohmarkt zum Leben. Weit über die Stadtgrenzen hinweg ist er bekannt, denn es gibt hier alles zu kaufen, was das Trödelherz begehrt – alte Möbel, Comics und Schallplatten, Vasen, Töpfe, Schmuck und allerlei Krimskrams. Das Schlendern über den Flohmarkt ist also für jeden ein Muss, der auf der Suche nach alten Schätzen ist. Aber egal, ob man an den ruhigen Tagen am Leineufer weilt oder den Trubel des Flohmarkts genießt – beides ist ein Erlebnis für sich, bei dem man das Leineufer jeweils von einer ganz anderen Seite kennenlernen kann.

••

> ▶ Leineufer, Am Hohen Ufer/Leibnizufer, 30159 Hannover
> ▶ ÖPNV: U-Bahn 3, 7, 9, Haltestelle Markthalle/Landtag

Ein wahres Prachtstück

10 *Die Herrenhäuser Allee*

Fans von Hannover 96 singen bei den Fußballspielen gerne mal dieses Lied zwischendurch: „Allee, Allee … Eine Straße, viele Bäume, ja das ist eine Allee." Hannoveraner mögen ihre Alleen also wirklich gern, dass es einen überhaupt nicht verwundern muss, wenn sie sie sogar besingen. Allein die Herrenhäuser Allee ist ein Meisterwerk unter den Alleen. Hier lassen sich perfekt die ersten Sonnenstrahlen des Frühlings genießen, man kann ausgezeichnet im Sommer im Schatten der Bäume joggen, im Herbst bei einem gemütlichen Spaziergang durch die bunten Laubblätter rascheln oder im Winter die Ruhe auf einer der Bänke genießen, während der Frost sich auf die Bäume legt. Es ist unmöglich, sich nicht in die Herrenhäuser Allee zu verlieben. Denn durch den wunderschönen Tunnel aus Bäumen zu laufen, ist Balsam für die Seele. Man vergisst glatt, dass das Leben rechts und links der Bäume ganz normal weitergeht. Dass hier Autos über die Nienburger Straße brettern, Fahrradfahrer und Fußgänger vorbeiziehen. Zu faszinierend und zu schön ist der Blick in Richtung Ende der Allee. Man verliert sich schnell im Anblick der satten Farben – vom Grün des Sommers bis zum Rotorange der Herbsttage. Bei aller Schönheit ist nicht zu vergessen, den Blick dabei mal nach oben zu wenden, um die pompösen Baumkronen in der Höhe zu bewundern. Dafür sucht man sich am besten eine der vielen Bänke und nimmt Platz. Hier kann man den Blick nämlich nicht nur nach oben wenden, sondern von hier lässt sich auch das bunte Treiben in der Herrenhäuser Allee besonders gut bestaunen: Man trifft auf Familien, Sportler, Paare wie Singles, Althannoveraner wie Neuzugezogene, alle verbringen gerne ihre Zeit unter den alten Bäumen. Wer die Allee mal für sich haben will, der sollte außerhalb der Stoßzeiten kommen – frühmorgens oder spätabends. Wer Glück hat, hat die Magie der Allee dann mal für einen Moment ganz für sich.

TIPP Wer an Regentagen lieber die U-Bahn nimmt, kann die farbenprächtige Allee aus der Ferne genießen.

Unterm Blätterdach

11 *Das geheime Leben der Bäume im Welfengarten*

Da steht sie mitten im Park. Groß und mächtig ragt die alte Buche einige Meter aus dem Boden heraus. Der Welfengarten ist bekannt für seine großen und alten Bäume – neben Buchen gibt es hier viele Eichen, Kastanien, Ahornbäume, Eschen oder Platanen. Sie hängen herunter und überwölben die Rasenflächen. Der Stamm der mächtigen Buche ist kaum zu erkennen, zu sehr ist er von den bis zum Boden hängenden Blättern verdeckt. Schiebt man die dichten Blätter aber ein wenig zur Seite und macht einen Schritt hindurch, schließen sie sich sogleich wieder. Und plötzlich ist man an einem ganz anderen Ort – abgeschirmt von der Außenwelt. Vergessen sind die Scharen von Studenten, die durch den Welfengarten in Richtung Mensa laufen oder auf der Wiese ihre Mittagspause verbringen. Oder die Nordstädter, die hier die ersten Sonnenstrahlen nach Feierabend genießen. Im Schutz der dichten Buchenblätter rücken die Geräusche aus dem Park plötzlich in den Hintergrund, das Licht scheint nur noch durch winzige Lücken zwischen den Blättern hindurch. Das ist der perfekte Ort, um draußen mal ungestört zu sein, um mal keine Menschen sehen zu müssen und von niemandem gesehen zu werden. Im Schatten der Blätter, mit dem Rücken an den Baumstamm gelehnt, lässt es sich wunderbar entspannen, nachdenken, ein Buch lesen. Dieses eigene kleine Reich im Welfengarten hat hohes Potenzial, zum geheimen Lieblingsplatz zu werden. Einen Lieblingsplatz sollte jeder haben. Ein Ort, an dem man sich zurückziehen kann, wenn das Leben mal nicht so spielt, wie man es sich vorgestellt hat. Ein Lieblingsplatz ist der Ort, wo die Gedanken dann fließen, der Kummer aus dem Gesicht weicht und man sich zu Hause fühlt. Und genau das passiert im Welfengarten im Schutz der dichten Bäume. Aber auch abseits davon gibt es im Garten hinter der Leibniz Universität genug Platz für alle, die genau danach suchen.

○ Welfengarten, 30167 Hannover
○ ÖPNV: U-Bahn 4, 5, Haltestelle Schneiderberg,

Jede Pause ist anders

 12 *Buntes Treiben am Opernplatz*

Eine kleine Pause von der Einkaufstour durch die Innenstadt von Hannover gefällig? Dann gibt es nur zwei Laufminuten vom Kröpcke, dem Stadtzentrum, die Möglichkeit, einmal durchzuatmen. Während im Opernhaus regelmäßig beeindruckende Opern- und Ballettaufführungen, aber auch Konzerte des Niedersächsischen Staatsorchesters zu sehen sind, bietet der Bereich vor den Türen des Opernhauses genug Gelegenheiten, um die Einkaufstüten mal abzustellen und sich hinzusetzen. Hier wird einem auch während der Pause nicht langweilig, denn es herrscht reges Treiben – einige Menschen laufen über den Opernplatz in Richtung Schiffgraben, andere schlendern die Georgstraße entlang, wieder andere machen es sich auf den Treppen des Opernhauses gemütlich oder nutzen die Grünflächen, um sich etwas zu entspannen. Das ist das Schöne am Opernplatz: Es gibt so viele verschiedene Möglichkeiten, diesen Platz zu erleben. Während die einen ihn nur auf dem Weg in die Oper kreuzen, ist er für andere vielleicht der Treffpunkt für ein erstes Date. Für jene, die sich für bekannte Persönlichkeiten Hannovers interessieren, lohnt sich ein Blick auf die zwei Denkmäler des Opernplatzes: Hier stehen Karl Karmarsch, Technologe und früherer Leiter der Technischen Hochschule, und Heinrich Marschner, ein Komponist der Romantik und früher königlicher Hofkapellmeister in Hannover, auf ihren Sockeln am Rande des Opernplatzes. Hinter ihnen führen labyrinthartig angelegte Pflanzungen zu einigen Bänken mit Blick auf den Hauptbereich des Opernplatzes. Auch von hier lässt sich das bunte Treiben auf dem Platz ganz wunderbar beobachten. So kann man auf dem Opernplatz jede kleine Pause zwischendurch ganz unterschiedlich gestalten – an dem einen Tag allein mit den wichtigen Persönlichkeiten Hannovers, am nächsten vielleicht mit einer guten Freundin auf einer der Bänke im Grünen.

Opernplatz, 30159 Hannover
ÖPNV: U-Bahn 1–9, 11, Haltestelle Kröpcke

Grüne Vergangenheit

13 Eichenstämme am Waterloo

Versuchen wir ein kleines Gedankenspiel: Wie hat das heutige Hannover wohl vor 4000 Jahren ausgesehen? Vermutlich so: Die Leine schlängelte sich durch das heutige Gebiet der Stadt, und an den Ufern des Flusses konnten die Eichen ungestört wachsen, denn es gab keinen Menschen weit und breit. Das ist zwar schwer vorstellbar, doch es gibt einen Beweis und der liegt nur wenige Gehminuten von der U-Bahn-Station Waterloo entfernt. Auf einem kleinen Rechteck aus Kies liegen hier zwei Eichenstämme, die vor 4000 Jahren am Uferwall der Leine wuchsen. Ihre Rinde hat tiefe Kerben, sie tragen ein paar Löcher, doch trotz ihres Alters wirken die Stämme noch immer massiv. Dass sie vor 4000 Jahren hier auf dem heutigen Stadtgebiet gewachsen sein sollen, ist auch noch unvorstellbar, wenn man direkt vor den beiden Baumriesen steht und es auf der Info-Tafel liest. Manche Dinge übersteigen eben unsere Vorstellungskraft. Fest steht aber, dass tagtäglich viele Menschen an den Eichenstämmen vorbeilaufen, ohne ihnen Beachtung zu schenken. Dabei zeigen sie, wie unfassbar klein die Existenz der Menschen im Vergleich zur Natur ist. Wir nehmen sie oft für selbstverständlich und erkennen ihre Besonderheit gar nicht mehr an. Aber einige Minuten, um die Eichenstämme mal wirklich zu begutachten, bleiben jedem. Und vielleicht öffnet das dann auch gleichzeitig die Augen dafür, dass wir tagtäglich an faszinierenden Dingen der Natur einfach vorbeilaufen. Die zwei Eichenstämme wurden vor etwa 25 Jahren ausgegraben, als die U-Bahn-Station Waterloo gebaut wurde. Schon damals, als man durch Zufall auf sie gestoßen ist, hat man sich bewusst dafür entschieden, sie den Menschen, die hier vorbeilaufen, zu präsentieren. Jetzt warten sie nur noch darauf, gesehen zu werden. So, als würde man sie noch direkt am Leineufer bewundern können – wie vor 4000 Jahren.

⊙ Eichenstämme am Waterloo, Waterloostraße, 30169 Hannover
⊙ ÖPNV: U-Bahn 3, 7, Haltestelle Waterloo

Im Wald des Wildes

14 *Zu Besuch im Tiergarten Kirchrode*

Ein Spaziergang durch den Wald wird im Tiergarten Kirchrode zu einem besonderen Erlebnis: Es kann nämlich gut sein, dass hinter den jahrhundertealten Bäumen plötzlich ein mächtiges Geweih hervorschaut. Denn auf dem 112 Hektar großen Gelände leben zahlreiche Rehe und Hirsche. Sie laufen frei innerhalb des Geländes umher, sind nicht durch eine Absperrung von den Besuchern getrennt. Etwas Glück muss man aber haben, um die scheuen Tiere nicht nur aus der Ferne sehen zu können. Während des Gehens heißt es deshalb, den Blick immer mal wieder aufmerksam nach links und rechts zu wenden und genau hinzuschauen: Die Tiere wissen sich schließlich zu verstecken. Doch genau durch die Suche nach dem schwer zu entdeckenden Wild zwischen den Bäumen, wird der Spaziergang am Wochenende zu einem Erlebnis. Wer viel Glück hat, kann eins der Tiere sogar streicheln. Weil das Damwild von seiner Mutter verlassen wurde, haben die Pfleger im Tiergarten es mit der Flasche aufgezogen, deshalb ist Mara, so der Name des Tieres, an Menschen gewöhnt und besonders zutraulich. Es freut sich immer über ein paar Blätter zum Naschen oder eine kleine Streicheleinheit. Neben dem Damwild, das man hier hautnah erleben kann, gibt es im Tiergarten auch Rotwild und Wildschweine im Gehege zu bestaunen. Die Paarungszeit der Wildschweine ist meist zwischen November und Januar, nach etwa vier bis fünf Monaten kommen dann bis zu zehn Frischlinge zur Welt. Es ist wortwörtlich sausüß, wie der Nachwuchs grunzend durch das Gehege tollt. Aber im Tiergarten wird manchmal auch gefeiert! Das Tiergartenfest findet seit 1977 immer am zweiten Samstag im Oktober statt und ist der Abschluss einer groß angelegten Aktion. Denn Jahr für Jahr sammeln Hannovers Kinder rund 20 bis 30 Tonnen Eicheln und Kastanien für die Winterfütterung des Wildes. Und als Belohnung für die fleißige Hilfe gibt es das Tiergartenfest. Ein Tag voller Trubel an dem Ort, der sonst zu einem ruhigen Spaziergang der besonderen Art einlädt.

● Tiergarten Kirchrode, Tiergartenstraße 117, 30559 Hannover, Tel. (05 11) 52 66 53
● ÖPNV: U-Bahn 5, Haltestelle Hannover Tiergarten

Urlaub bei den Nachbarn

15 *Ein Tag am Parksee Lohne*

Urlaub ist unbeschwert, Urlaub bringt Entspannung und Urlaub macht Spaß. Für dieses Urlaubsfeeling muss man nicht immer bis an die Küste oder in südeuropäische Gefilde fahren. Für Hannoveraner reicht schon die Reise bis nach Isernhagen. Denn am Parksee Lohne lässt das Urlaubsfeeling nicht lange auf sich warten. Und damit der Kurzurlaub perfekt wird, dürfen neben Badehose und Sonnencreme folgende Dinge im Gepäck nicht fehlen: ein Schlauchboot oder eine Luftmatratze, um damit über den großen See zu treiben. Ein Volleyball, weil eine Partie im Sand zum Urlaub dazugehört. Ein Zelt, denn der See lädt nicht nur Tagesgäste ein, sondern man kann dort auch campen. Perfekt also für einen Wochenendausflug mit Freunden oder der Familie. Der See gilt noch immer als Geheimtipp, ist daher nicht überlaufen. Und selbst wenn es mal etwas voller werden sollte: Das Gelände bietet mit einer Größe von 23.000 Quadratmetern mehr als genug Platz für jeden. Auf den Liegewiesen lässt es sich perfekt am Bikini-Abdruck arbeiten. Wer diesen gar nicht erst haben will, ist im FKK-Bereich richtig aufgehoben. Am Parksee-Lohne ist für jeden Typ Urlauber etwas dabei. Egal ob man gerne aktiv sein und viel Sport treiben, lieber gemütlich mit einem Buch in der Sonne liegen oder ein leckeres Essen mit schöner Aussicht genießen möchte. Hier ist alles möglich. Und mal ehrlich, was gibt es Schöneres, als am Morgen den Reißverschluss seines Zeltes aufzuziehen, noch vor dem Frühstück eine Runde im See zu schwimmen und den restlichen Tag am See zu verbringen und seine Zeit nach Lust und Laune zu gestalten? Und wenn es dann am Sonntagabend wieder ans Zusammenpacken und in die eigenen vier Wände zurückgeht, dann ist das Herz voll schöner Erinnerungen an den Kurzurlaub – und damit das Lächeln auf dem Gesicht garantiert.

TIPP Der Kurzurlaub lässt sich mit einem Besuch des Minigolfplatzes am Parksee versüßen.

○ **Parksee Lohne, Alter Postweg 12, 30916 Isernhagen, Tel. (0 51 39) 8 82 60**
www.parksee-lohne.de
○ **ÖPNV: U-Bahn 3, Haltestelle Altwarmbüchen, von da 10 Minuten mit dem Fahrrad**

Kreativ in der Südstadt

16 *Glückauf am Geibelplatz*

Bei Sonnenschein auf der Picknickdecke zu liegen und versonnen den Blick in Richtung Himmel zu richten, das macht schon auf vielen Wiesen äußerst glücklich und sorgt für Wohlbefinden. Am Geibelplatz fällt der Blick zudem noch auf das schicke neungeschossige Wohnhochhaus, das den schönen Namen „Glückauf" trägt. Ob das nicht ein gutes Omen ist, um auf der Wiese am Geibelplatz eine glückliche Zeit zu verbringen? Der denkmalgeschützte Klinkerbau wurde 1930 fertiggestellt und war damals architektonisch gesehen ein echter Höhepunkt. Der Geibelplatz vereint Natur und Stadt auf wunderbare Weise miteinander. Die grüne Wiese ist von roten Backsteinbauten umrahmt, urbanes Feeling ist neben bunt blühender Gartengemütlichkeit hier garantiert. Durch die direkt anliegenden Wohnungen ist hier immer etwas los. Der perfekte Platz, um den Zeichenblock mitzunehmen und mal wieder ein paar Skizzen anzufertigen. Zum Beispiel von der lebensgroßen Skulptur eines Bergmanns mit Pickel, Helm und Grubenlampe auf dem Vordach des Hochhauses Glückauf. Oder von den Südstädtern, die hier auf der Wiese ihre Freizeit verbringen oder nur auf dem Rückweg zu ihrer Wohnung kreuzen. Vielleicht auch von den bunten Blumen, die den Platz zieren. Noch nie einen Zeichenblock in der Hand gehabt? Dann bietet sich der Geibelplatz in der Südstadt an, um zu testen, ob nicht doch eine künstlerische Ader in einem schlummert. Gebäude sind ein guter Einstieg für die ersten Zeichenversuche und davon bieten sich rund um den Geibelplatz genug, die es wert sind, sich eine längere Zeit mit ihnen zu beschäftigen. Natürlich gibt es auch Alternativen, denn wenn man doch lieber die Fotokamera mitnimmt, entdeckt man sicher auch viele Motive und kann die Szenerie am Geibelplatz auf diese Weise festhalten. Eine glückliche Zeit definiert für sich eben jeder anders.

Geibelplatz, 30173 Hannover
ÖPNV: U-Bahn 1, 2, 8, Haltestelle Geibelstraße

Voller Tatendrang

17 *Freie Fahrt auf der Waldchaussee*

Es ist Wochenende und es fehlt noch die absolut zündende Idee für einen Ausflug ins Grüne? Dann ab zur Waldchaussee im Zoo-Viertel. Denn hier gibt es jedes Wochenende die Möglichkeit, die Straße in der Eilenriede mal anders zu erleben. Jeden Samstag ab 15 Uhr werden die Autofahrer bis zum Sonntag um 24 Uhr von der Straße verbannt. Dann gehört die Waldchausee zwischen dem Restaurant Steuerndieb und dem Zoo ganz den Inlinern, Radlern und Spaziergängern. Dann heißt es: Ruhe statt Autolärm – zweispurige Fahrbahn statt Fuß- und Radweg. Irgendwie ist es doch immer so, dass etwas, was man sonst nicht darf, besonders begeistert. Und so freuen sich vor allem an den Sommerwochenenden viele Hannoveraner über diese Möglichkeit, die es eben an den Werktagen sonst nicht gibt. Und deshalb muss man sie beim Schopfe packen und richtig ausnutzen. Die Inliner liegen schon seit Monaten verstaubt im Keller, die Kinder wollen ihre neuen Roller ausprobieren und in die Pedalen des Fahrrads könnte auch mal wieder ordentlich getreten werden? Dann ist die Sperrung der Waldchaussee das Signal, auf

TIPP Für die Aktivität belohnen kann man sich im Anschluss mit einem leckeren Eis auf der Lister Meile.

das die ganze Familie gewartet hat. Die asphaltierte Straße verläuft mitten durch die Eilenriede, bietet daher an heißen Sommertagen reichlich Schatten. Und durch ihren überwiegend geraden Verlauf ist sie gut dafür geeignet, auch mal etwas schneller unterwegs zu sein. Langsame Spaziergänger und gemütliche Picknicker sind hier also an den beiden Tagen am Wochenende falsch, denn auf der Waldchaussee geht es aktiv zu. Für Hannoveraner, die das Wochenende nicht nur gemütlich auf dem Sofa verbringen wollen, sondern voller Tatendrang sind, bietet die Sperrung der Waldchaussee die Möglichkeit für den passenden Ausflug. Abgesehen davon lohnt sich auch unter der Woche die Fahrt entlang der Waldchaussee, dann aber auf dem dafür vorgesehenen Rad- oder Fußweg.

 Waldchaussee, 30175 Hannover
 ÖPNV: U-Bahn 11, Haltestelle Zoo

Heilige Aura

18 *Der Leibniztempel im Georgengarten*

Tempel gelten in vielen Religionen als heilig. Der Leibniztempel im Georgengarten ist zwar kein religiöser Ort, sondern dem Universitätsgelehrten Gottfried Wilhelm Leibniz gewidmet. Eins hat er aber dennoch mit anderen Tempeln gemeinsam: Er strahlt die Ruhe eines heiligen Ortes aus. Auf einer kleinen Halbinsel zwischen zwei Teichen gelegen, lädt er seine Besucher dazu ein, hier mal richtig durchzuatmen. Da liegen Beschäftigungen wie etwas Yoga auf der Wiese nebenan machen oder das gerade neu gekaufte Buch lesen natürlich nahe. Doch der Ort eignet sich genauso gut, um einfach mal nichts zu tun. Ist man ehrlich, dann weiß man, dass es den meisten von uns oft gar nicht so leicht fällt. Deshalb ist es schön, einen Ort zu kennen, der genau dazu einlädt: zum Einfach-mal-nur-Sein. Dazu setzt man sich auf die Stufen des Tempels zwischen die Säulen und richtet seinen Blick auf die Teiche. Dort spiegeln sich die in prächtigen Farben blühenden Bäume, der blau leuchtende Himmel und die strahlende Sonne in dem stillen Wasser. In diesem Anblick kann man sich schnell verlieren. Und während man so auf das Wasser starrt, schweifen die Gedanken ab. Vielleicht zu glücklichen Erinnerungen oder Träumen und Wünschen für die Zukunft. Heilige Orte können für einen immer genau das sein, was man von ihnen will. Entweder der perfekte Platz für ein romantisches Date, die Inspiration für neue, kreative Ideen oder einfach ein Ort, an dem sich das Alleinsein gut anfühlt. So gut, dass es sich hier ganz leicht mal ein paar Stunden verbringen lässt, weil die Zeit in den Hintergrund rückt oder sogar ganz vergessen wird. Dass die Zeit auch hier vergeht, ist dann nur noch daran zu erkennen, dass sich die Schatten der Bäume weiterbewegen und die Sonne den Horizont in abendrotes Licht taucht. So ist das eben an heiligen Orten.

TIPP Das Georgenpalais und damit ein Ausflug in die Karikatur und Zeichenkunst liegt direkt um die Ecke.

⊙ Leibniztempel (im Georgengarten), 30167 Hannover
⊙ ÖPNV: U-Bahn 4, 5, Haltestelle Appelstraße

Altes Eisen – junges Grün

19 *Spaziergang am Ricklinger Ohedamm*

Den Ricklinger Ohedamm, der früher mal ein richtiger Bahndamm war, machen zwei Dinge besonders: die alte Bahnbrücke und seine schöne Lindenallee. Heute wird der Damm als Fuß- und Radweg genutzt, weshalb sich die Gegend zwischen Linden, Ricklingen und Maschsee hier besonders gut erkunden lässt. Los geht es am Ihmeufer in Linden. Das Rad fahren die, die es eilig haben und nur eine schöne Strecke in Richtung Maschsee suchen. All jene, die etwas Zeit mitbringen, laufen die weniger als einen Kilometer lange Strecke zu Fuß und können dabei den Ohedamm so richtig genießen. Schöner ist es dabei von Linden-Süd in Richtung Maschsee zu laufen. Über die 90 Meter lange Helene-Weber-Brücke über die Ihme, die vor rund 100 Jahren noch für den Bahnverkehr genutzt wurde. Zwar gleislos, aber noch mit altem Stahlgeländer in dunklem Grün, rostigen Gittern und Tausenden Schrauben hat die heute denkmalgeschützte Eisenbahnbrücke vom einstigen Charme nichts verloren. Bunte Liebesschlösser an den Gittern, Graffitis auf dem Stahlgerüst der Brücke sind eher Zeugen unserer Zeit. Eine Pause mit Blick auf die Ihme und ihr Überschwemmungsgebiet lohnt sich, bevor es weiter zu den Linden geht. Die Kronen der alten Bäume rechts und links vom Ohedamm sind üppig. Wer Glück hat, kann sogar einige der Lindenblüten erkennen. Die zarten Blütenblätter schimmern weiß zwischen den dichten Blättern. Am Ohedamm lässt sich aber nicht nur während der Blüte die Jahreszeit genießen. Wer den Weg täglich geht, wird nach und nach die Veränderung der Linden erleben. Im Sommer sind sie leuchtend grün, im Herbst färben sie sich orangerot und lassen nach und nach ihre Blätter fallen. Dann knistert und raschelt es beim Spaziergang wunderbar unter den Füßen, bevor man die Ohedamm-Leine-Brücke erreicht. Sie ist deutlich kürzer als die Brücke über die Ihme, dennoch ein guter Abschluss des Ohedamms. Denn während man hier über die Holzbalken läuft und dabei das leichte Wackeln der Brücke spürt, kann man in wenigen Metern Entfernung schon den Maschsee erkennen.

Ricklinger Ohedamm, 30459 Hannover
ÖPNV: U-Bahn 3, 7, Haltestelle Bahnhof Linden/Fischerhof

Kleinod in Wein

 20 *Das Teestübchen am Ballhof*

Ein Teestübchen in der Altstadt ein grüner Glücksort? Das passt auf den ersten Gedanken vielleicht nicht ganz zusammen. Doch wenn es um das Teestübchen am Ballhofplatz geht, dann gibt es für das traditionsreiche Café keine bessere Bezeichnung als grüner Glücksort. Wer über den historischen Platz auf das Café zuläuft, dem wird schnell klar, warum: Das Haus in der Altstadt Hannovers, in dem das Café ansässig ist, ist über und über mit saftig grünen Weinblättern überzogen. Nur die Fenster und die Dachziegel sind noch zu erkennen, ansonsten ist das Gebäude vollkommen vom Wein verzaubert worden. Es strahlt in verschiedenen Grüntönen. Einen schöneren und grüneren Anblick kann man in Hannovers Altstadt kaum finden. Das Teestübchen ist seit 1970 ein Familienbetrieb und, wie der Name schon andeutet, besonders für seinen Tee bekannt. Hier gibt es über 40 Teesorten – wie den Tee der Welfen, einen Schwarztee mit Kornblumen-Blüten, oder die Leineperle, ein Grüner Rooibos-Tee mit allerlei Zusätzen wie Himbeeren, Granatapfel und Rosen. Man hat also die Qual der Wahl. Wer aber einen der begehrten Plätze draußen ergattert, dem wird beim Anblick der pflanzlichen Fassade nicht die Lust vergehen, sich durch möglichst viele Tee-Sorten zu probieren. Vor allem, weil die Tees hier stilecht in einer alten Teekanne serviert werden. Aber nicht nur für Teefans ist das Café der richtige Ort, sondern auch für Naschkatzen: Hier werden nach Familienrezepten auch leckere Kuchen selbst gebacken. Ein richtiges Lieblingsgebäck ist übrigens Josephines Zimtschnecke – unbedingt probieren! In einem der dunkelgrünen Liegestühle liegend, mit einer geblümten Tectasse in der Hand, einem guten Bissen der Zimtschnecke im Magen und dem Blick auf die große mit Wein berankte Wand des Teestübchens lässt sich hier im Nu die Hektik des Alltags vergessen. So wie es sich für einen richtigen grünen Glücksort gehört.

TIPP Das Teestübchen hat einen eigenen Online-Shop und liefert all seine Leckereien auch nach Hause.

🟢 Teestübchen am Ballhof, Ballhofplatz 2, 30159 Hannover
teestuebchen-hannover.de
🟢 ÖPNV: U-Bahn 3, 7, 9, Haltestelle Markthalle/Landtag

Stress adiéu

21 *Die Fitnesswiese am Schmachteberg*

Sport macht glücklich, das ist keine große Neuigkeit. Trotzdem fällt es vielen schwer, ihren inneren Schweinhund zu überwinden und aktiv zu werden. Sich in den eigenen vier Wänden aufzuraffen ist schwer, manch einer hat einfach keine Lust auf ein muffiges Fitnessstudio, oder es fehlt an Wissen, welche Übungen wie ausgeführt werden müssen und was sie bewirken. Für all diese Probleme schafft die Fitnesswiese am Schmachteberg Abhilfe. Und deshalb könnte ein freier Tag künftig sportlich werden. Hoch mit dem Dopaminspiegel, denn dadurch werden wir wacher, konzentrierter und glücklicher! Wenn der Sport dann noch an der frischen Luft ausgeübt wird, ist das Glücksgefühl garantiert. Die Fitnesswiese liegt mitten im Grünen, im Kleefelder Teil der Eilenriede, und ist perfekt zu Fuß – am besten natürlich joggend – oder mit dem Fahrrad zu erreichen. Damit ist das Aufwärmen schon mal erledigt. Vor Ort geht es dann daran, an dem aufgestellten Fitnessparcours die Muskeln zu trainieren. Kleine Infotafeln informieren, wie die jeweilige Übung funktioniert und was dabei trainiert wird. Insgesamt werden an den 15 Multifunktionsgeräten 17 verschiedene Übungen vorgestellt, sodass es garantiert auch nicht langweilig wird. An der Beinpresse können die Schenkel trainiert werden, der Rückentrainer bringt den Rumpf in Form. Für eine kleine Trinkpause zwischendurch stehen genügend Bänke zur Verfügung, sodass auch der Entspannung auf der Fitnesswiese nichts im Wege steht. Am Ende wird sich dann wieder auf das Fahrrad geschwungen oder zurückgejoggt, so wird das Training im Grünen eine runde Sache. Spätestens dann, wenn man wieder zu Hause angekommen ist, wird man bemerken, wie gut man sich fühlt. Und das hat auch langfristig positive Auswirkungen – denn regelmäßiges Training sorgt für eine Senkung des Stresshormons Cortisol. Das bedeutet: Wir werden toleranter gegenüber Stress – und lassen uns nicht mehr so schnell aus der Ruhe bringen. Wenn das kein Grund ist, der Fitnesswiese einen Besuch abzustatten …

* *

○ Fitnesswiese am Schmachteberg, Kaulbachstraße, 30625 Hannover
○ ÖPNV: U-Bahn 4, 5, Haltestelle Kantplatz

Ein Ort zum Verlieben

 22 *Romantisch und beliebt: der Maschpark*

Ganz schön romantisch ist es hier. Das dunkelgrüne Metallgeländer der Brücke wird durch zahlreiche Blumen geschmückt, und der Blick von hier reicht über das Wasser bis zum Neuen Rathaus. Rechts und links blühen bunte Blumen, Bäume ragen über das Wasser hinaus. Kein Wunder also, dass hannoversche Liebespaare diesen Ort ausgewählt haben, um hier auf der Brücke mit Liebesschlössern ihre Liebe zu festigen. Leider verursachte diese romantisch kitschige Geste Schäden an dem schönen Geländer, sodass die Schlösser entfernt werden mussten. Aber auch ohne Liebesschlösser ist die Brücke im Maschpark der perfekte Platz für den ersten Kuss oder auch den millionsten. Zumindest in Filmen, die von der großen Liebe erzählen, wäre das hier ein Ort, an dem sich die beiden Hauptdarsteller nach langem Hin und Her endlich finden. Ebenso wie die Brücke kann sich auch der Rest des Parks sehen lassen. Der künstlich angelegte Teich windet sich durch den Park, umrahmt von Wiesen, Bäumen und Blumen. Fest steht, der Maschpark hat Charme: Wege, die sich idyllisch durch den Park schlängeln, Bäume und Rasen-

TIPP *Auf der Terrasse des Restaurants im Neuen Rathaus sitzend, lässt sich der Parkausblick genießen.*

flächen und nicht zuletzt die Beete, die harmonisch zusammenspielen, und fast zu jeder Jahreszeit gibt es blühende Pflanzen zu entdecken. Nicht ohne Grund gehört der Maschpark zu den meistbesuchten öffentlichen Anlagen Hannovers. Hier findet sich immer ein schönes Plätzchen, um sich der idyllischen Atmosphäre des Parks vollkommen zu ergeben. Besonders schön ist die Spiegelung des Neuen Rathauses im Wasser des mit Seerosen geschmückten Maschteichs. Denn im Ambiente des Parks wirkt das schon fast wie ein Märchenschloss. Hier liegt Magie in der Luft, Romantik versteckt sich in jeder Ecke des Parks. Ja, der Maschpark ist ein Ort zum Verlieben. Wenn vielleicht auch nicht in die Traumfrau oder den Traummann, dann zumindest in Hannover.

○ **Maschpark, Trammplatz, 30159 Hannover**
○ **ÖPNV: U-Bahn 1, 2, 4, 5, 6, 8, 11, Haltestelle Aegidientorplatz**

Ein See, viele Möglichkeiten

23 *Freizeitglück am Silbersee Langenhagen*

Der Silbersee in Langenhagen soll seinen Namen von Flugzeugpiloten erhalten haben, weil er beim Überflug in der Sonne silbrig glänzte. Aber abgesehen von dieser netten Geschichte, hat der größte See Langenhagens noch einiges mehr zu bieten. Im Sommer wie im Winter kann man am See gut seine Zeit vertreiben. Bei warmen Temperaturen tummeln sich an den langen Sandstränden des Silbersees zahlreiche Badegäste. Besonders am Wochenende herrscht oft ein buntes Treiben. Wer es aktiv mag, spielt Volleyball oder schwimmt bis zur Badeinsel. Auf den Grillplätzen sowie im Biergarten vor Ort ist auch der Hunger schnell gestillt. Das absolute Highlight ist aber die Minigolfanlage von Familie Klug. Geöffnet ist sie von April bis Oktober. Eine wunderbare Abwechslung zu sonstigen Seebesuchen, denn hier kann man mit einem schönen Blick auf den See um die Wette spielen. Es gibt 18 Bahnen und bei jeder wartet eine neue Herausforderung. Schnell zeigt sich, wer aus der Familie Ehrgeiz hat, welche Freundin nicht besonders talentiert ist oder wie der Partner mit Niederlagen umgehen kann. Hier ist der Spaß garantiert, wenn plötzlich einer der Spieler den Ball unerwartet ins hängende Netz schlägt (jeder, der hier schon mal Minigolf gespielt hat, kennt diese Bahn) oder der Favorit bei der einfachsten Bahn versagt. Am Ende wird zusammengerechnet und ein Gewinner gekürt. Wenn der Wettbewerb nicht dafür gesorgt hat, dass der Haussegen schiefhängt – oder vielleicht auch gerade dann –, sollte unbedingt noch ein Spaziergang um den See folgen. Auch in den kälteren Monaten laden die Steganlagen rund um den See dazu ein, sich mal hinzusetzen und den Blick über das ruhige Wasser schweifen zu lassen. Einige Wasserbereiche sind extra für Angler reserviert, die Schilfzonen bieten einen Rückzugsort für Wasservögel, die sich gut am See beobachten lassen. Ruhe wie Action, Sommer wie Winter. Der Silbersee kann eben mehr als nur silbern glänzen.

○ Silbersee, Bothfelder Straße, 30851 Langenhagen
○ ÖPNV: U-Bahn 1, Haltestelle Langenhagen, ein paar Minuten zu Fuß über Bothfelder Straße

Raus aufs Feld!

24 *Erntezeit auf dem Erdbeerhof Gleidingen*

Wer an Erdbeeren denkt, der denkt an Sommer, an Sonne und ans Draußen-Sein: an ein romantisches Picknick mit Erdbeeren und Sekt am See oder an den selbst gebackenen Erdbeerkuchen von Mama, den die ganze Familie zusammen im eigenen Garten isst. Denn die Erdbeersaison ist je nach Wetterlage meist zwischen Mai und August. Dann, wenn die Sonne fleißig am Himmel scheint, die Temperaturen langsam steigen und die grünen Erdbeeren nach und nach knallig rot werden. Und jedes Jahr freuen sich leidenschaftliche Beerenfreunde wieder auf diese Zeit. Es ist also nicht verwunderlich, dass es die Königin der Beeren auch in die Top 5 der beliebtesten Obstsorten der Deutschen geschafft. Im Durchschnitt isst jeder von uns 3,5 Kilo Erdbeeren im Jahr. Zwar ist das Erdbeeren-Essen schon eine Freude für sich, aber durch den Erdbeerhof in Gleidingen wird das zu einem richtigen Erlebnis: denn auf einem der zahlreichen Erdbeerfelder darf jedermann selbst Erdbeeren pflücken. Dafür braucht es nicht viel, einen kleinen Korb, den es beim Pflücken gratis dazu gibt, einen konzentrierten Blick, um jede Erdbeere unter den Blättern zu entdecken, und natürlich tatkräftige Begleiter, denn so macht es direkt viel mehr Spaß. Und dann kann die Schatzsuche auch schon beginnen: raus auf das grüne Feld und die roten, saftigen Früchte suchen. Bücken, pflücken, freuen. Die eine oder andere Erdbeere darf natürlich schon während des Pflückens genascht werden – das haben sich fleißige Erdbeerpflücker schließlich verdient –, bevor es mit einem Korb voller saftiger Beeren wieder zurück nach Hause geht. Und nach diesem schönen Erlebnis, nach ein wenig Anstrengung beim Erdbeerpflücken, zergehen die Früchte garantiert auf der Zunge – egal ob als Kuchen, Eis oder pur. Denn in jeder Erdbeere steckt die Erinnerung an Spaß auf dem Feld.

TIPP Die Selbstpflückfelder haben in der Saison sogar täglich von 7.30 bis 18.30 Uhr geöffnet.

Erdbeerhof Gleidingen, Triftstraße 20, 30880 Laatzen-Gleidingen, Tel. (0 51 02) 22 42
www.erdbeeren-hannover.de
ÖPNV: U-Bahn 1, Haltestelle Gleidingen Orpheusweg

Hinter grünen Kirchenmauern

25 Die Aegidienkirche ist Ruine und Mahnmal

Die Aegidienkirche ist eine Kirche, wie man sie sonst nicht sieht. Nach ihrer Zerstörung im Zweiten Weltkrieg wurden nur der Turm und auch die Außenmauern wieder aufgebaut. Die großen Bögen in der Außenwand sind leer, es gibt keine Fenster. Auch wenn man nach oben sieht, schaut man ins Leere: denn der Blick geht hier nicht auf hohe Decken und ein pompös gestaltetes Dach, sondern direkt in den freien Himmel. Die Außenmauern ragen freistehend ins luftige Blau. Einzig der restaurierte Glockenturm ist vollständig – mit seiner goldenen Uhr und dem Glockenspiel auf seinem Dach – und verstärkt deshalb die Wirkung der freistehenden und fensterlosen Kirchenmauern noch. Ein schöner Anblick ist aber, wie die Natur sich mit der Ruine vereint: Große Teile des Mauerwerks sind von saftigem Grün überwuchert. Im Herbst färben sich die Blätter der Kletterpflanzen in ein dunkles Rot. Die Gefühle, die die Ruine beim Betreten hervorruft, können bei jedem anders sein: Vielleicht sogar Leere, Verlassenheit oder auch Einsamkeit. Vielleicht aber auch Hoffnung, Glaube oder Gelassenheit. Innerhalb der Kirchenmauern sind einige Bänke aufgestellt. Am besten hinsetzen und sich in Ruhe umsehen, um den Eindruck besser auf sich wirken zu lassen. Seitdem die Aegidienkirche in Teilen wieder aufgebaut wurde, dient sie als Mahnmal für die Opfer von Krieg und Gewalt. Nicht nur deshalb bietet sich hier eine gute Möglichkeit, um mal einen Moment innezuhalten und die Ruhe zu genießen. Es kann sein, dass dann plötzlich die Glocken der Kirche anfangen zu läuten. Viermal am Tag machen sie das – ab 9.05 bis 18.05 Uhr alle drei Stunden. Die historischen Glocken aus Bronze spielen jeden Monat unterschiedliche Lieder. Während der Blick über die Überreste der Kirche schweift, berührt der liebliche Klang der Glocken nicht nur das Trommelfell, sondern auch das Herz.

- -

Aegidienkirche, Aegidienkirchhof 1, 30159 Hannover
ÖPNV: U-Bahn 1, 2, 4, 5, 6, 8, 11, Haltestelle Aegidientorplatz

Hannover kann auch wandern

26 *Aufstieg auf den Benther Berg*

Wer an Hannover denkt, dem kommen nicht unbedingt direkt ausgiebige Wandermöglichkeiten in den Sinn. Aber warum denn eigentlich nicht? Obwohl die Stadt von ihrer geografischen Beschaffenheit eher flach als hügelig ist, gibt es gerade in der Region um Hannover viele Wandermöglichkeiten. Zum Beispiel am Benther Berg im Calenberger Land. Der Benther Berg ist mit seinen 173 Metern die höchste Erhebung in Hannovers Umgebung. Deshalb: Schuhe schnüren und rauf auf den Berg. Eine beliebte und schöne Wanderung startet an der U-Bahn-Haltestelle Empelde und führt dann einmal um den Benther Berg herum. Das Schöne an der Wanderung: Das mittlere Niveau ist für Wandergeübte ebenso wie für Anfänger gemacht. Auf einer ungefähren Strecke von 12 Kilometern – je nach Startpunkt – geht es rund 100 Höhenmeter rauf auf den Benther Berg und wieder herunter. Ein guter Ausflug also für ein Wochenende, das unter dem Motto „aktiv an der frischen Luft" steht. Die Wanderung ist ganzjährig machbar, Wanderschuhe werden hier nicht unbedingt gebraucht, denn der Weg verläuft auf sicherem Untergrund.

TIPP *In der Bergschänke gibt es Grünkohl mit Bregenwurst, ein echt hannöversches Gericht.*

Zunächst führt die Wanderung von Empelde aus durch einen lichten Laubwald über den Benther Berg – mit einer schönen Aussicht über Hannover. Runter vom Benther Berg laufend führt die Wanderung zwischen weiten Feldern und Wiesen hindurch. Das kleine Weinbaugebiet auf der Kalihalde, die Benther Windmühle und die acht Kreuzsteine „Sieben Trappen", ein Mahnmal für mehr Ehrlichkeit, laden dabei zu kleinen Verschnaufpausen ein. Zum Schluss geht es dann gemütlich zurück nach Empelde. Nach etwa drei bis dreieinhalb Stunden, je nach Geschwindigkeit, ist die Wanderung dann geschafft. Zeit für eine Belohnung – bei einer leckeren Mahlzeit, einem Eis oder wonach auch immer der Magen nach der Wanderung verlangt. Die Einkehr in einer Gaststätte gehört schließlich zu einer richtigen Wanderung dazu – auch in der Region Hannover.

⦿ Benther Berg, 30952 Ronnenberg
⦿ ÖPNV: U-Bahn 9, Haltestelle Empelde

Action pur

27 *Wassersport und -spaß am Blauen See Garbsen*

Am Blauen See in Garbsen trifft Adrenalin auf Badesee: Statt nur auf der faulen Haut zu liegen, gibt es hier viele Möglichkeiten, so richtig aktiv zu werden. Der Höhepunkt des Sees ist unangefochten die Wasserski- und Wakeboardanlage. Von Mai bis November werden an dem Lift die angesagten Sommersportarten erlebbar. Alles, was man dafür braucht, gibt es vor Ort. Also, keine Ausrede mehr, sondern ab aufs Wasser! Der Lift zieht mit Schwung an und schon steht man auf dem Wasser. Da geht es dann vor allem darum, die Balance und den Kurs zu halten. Gar nicht so einfach, wenn man noch eine Anfängerin ist. Aber es bedeutet Spaß, nicht nur für die Sportbegeisterten auf dem Board oder den Skiern, sondern auch für die neugierigen Zuschauer – denn sie bekommen eine gratis Wassershow. Mit Vollspeed fährt ein Junge auf seinem Wakeboard auf die im Wasser liegende Rampe zu. Oben angekommen, dreht er sich noch um seine eigene Achse, dann springt er wieder zurück ins Wasser. Das Wasser spritzt um ihn herum, als er aufsetzt. Dass er nicht zum ersten Mal auf dem Board über das Wasser gleitet, ist offensichtlich. Denn, wie man schnell selbst erfährt, bei Anfängern endet die Fahrt oft schon nach wenigen Sekunden. Doch Übung macht bekanntlich den Meister. Die Liftanlage am Blauen See eignet sich für Profis wie für Anfänger, jeder kann hier das Wasserski- oder Wakeboard-Fahren von der Pike auf lernen. Rutschen, Schaukeln und Kletterwände erweitern das Adrenalin-Angebot im Aqua Park am Blauen See. Es wird gehüpft, ins Wasser gesprungen, wieder rausgeklettert bis einem die Puste ausgeht. Wer es etwas ruhiger angehen lassen will, leiht sich ein SUP-Board und paddelt damit gemütlich über den See. Fest steht aber: Wer einen Tag am Blauen See verbringt, der kann sich dem Adrenalin-Bann nicht entziehen, denn alles schreit nach Action. Und wenn dann nach ein paar Stunden die Energie aufgebraucht ist, ist es Zeit für ein bisschen Erholung am Sandstrand oder in der Strandbar – natürlich nur um wieder neue Energie zu tanken.

● Blauer See, Am Blauen See, 30823 Garbsen
● ÖPNV: Bus 126, Haltestelle Altgarbsen Am Blauen See

Bewusst wahrnehmen

28 *Achtsamkeit im Park der Sinne*

Sehen, Hören, Riechen, Schmecken und Fühlen – die fünf Sinne des Menschen sind jedem von uns bekannt. Sie sind dafür verantwortlich, wie wir Dinge wahrnehmen. Eigentlich nutzen wir sie jeden Tag, aber so wirklich bemerken tun wir das nicht. Das Nutzen der Sinne ist etwas so Alltägliches, dass es häufig unbewusst passiert. Damit ist jetzt Schluss: Denn der Park der Sinne in Laatzen bietet die Möglichkeit, die Sinne mal ganz bewusst auf die Probe zu stellen, zu erfahren, wahrzunehmen. An 30 unterschiedlichen Erlebnisstationen werden unsere Sinne auf die Probe gestellt. Und es funktioniert: Nach nur wenigen Stationen denkt man viel schneller und auch mehr darüber nach, was man eigentlich gerade sieht, fühlt, hört. Wie zum Beispiel auf dem steinigen Weg: Hier läuft man barfuß über verschiedene Bodenmaterialien. Der Boden fühlt sich mal pieksig, mal rau, mal hart an – jeder Bodenbelag sorgt an den Fußsohlen für eine ganz andere Wahrnehmung. Das eigene Hören wird mit zwei Parabolschalen ganz schön ausgetrickst. Eigentlich ist Flüstern schließlich leise und man kommuniziert so nur, wenn man direkt nebeneinandersteht. Aber nicht im Park der Sinne: Mithilfe der zwei Schalen kann man sich über weite Distanzen hinweg etwas zuflüstern. Verrückt, oder? Fakt ist: So wie im Park der Sinne wird die eigene Wahrnehmung sonst nie herausgefordert. Es macht nicht nur unglaublich viel Spaß, seine Sinne zu testen und von Station zu Station zu ziehen. Es hilft auch dabei, sich selbst und seine Umwelt wieder viel bewusster wahrzunehmen. Wenn am Ende des Besuchs die Füße vom vielen Hin- und Herlaufen wehtun, die Augen müde sind und das Gehör plötzlich auf jedes kleine Geräusch reagiert, hat sich der Besuch gelohnt. Dann sind die Sinne nicht mehr einfach nur für unsere Wahrnehmung zuständig, sondern werden wieder bewusst wahrgenommen.

TIPP Den Park der Sinne mal anders erleben bei einer der Lichtführungen oder beim Yoga im Park.

▶ Park der Sinne, Karlsruher Straße 101, 30880 Laatzen
▶ ÖPNV: U-Bahn 1, Haltestelle Laatzen Park der Sinne

Mitten im Blütenmeer

29 *Der Niederdeutsche Rosengarten*

Die Herrenhäuser Gärten sind nicht nur bei Touristen, sondern auch bei Einheimischen ein beliebter Ort. Das kleine Fest im Großen Garten und der Feuerwerkswettbewerb laden jährlich in den Sommermonaten viele Besucher in den barocken Garten ein. Doch auch ohne Veranstaltungen kann dort an einem ganz normalen Wochenende mal viel Trubel herrschen. Das klingt erst einmal wenig nach Ruhe oder Entspannung. Doch wer sich im Großen Garten auf die Suche begibt, kann dort ein wahres Erholungsparadies finden. Denn auf dem etwa 50 Hektar großen Gelände finden sich zahlreiche kleine Ecken, die zum Verweilen und Träumen einladen. Dazu zählt auch der Rosengarten. Hier, mitten im Stadtteil Herrenhausen, herrscht vollkommene Stille. Eingerahmt von großen, grünen Hecken kommt der duftende Rosengarten als ein idyllisches Plätzchen daher. Es sind keine Menschenmassen zu sehen, die durch den Garten marschieren, und auch das Gefühl, in einer Großstadt zu sein, rückt schon nach wenigen Sekunden in weite Ferne. Es ist ein Ort der Ruhe. Nur der Wind, der ganz leicht in den Hecken raschelt, ist deutlich zu hören. Wer sich in einem der vier kleinen Pavillons an den Ecken des Rosengartens niederlässt, den holt die Entspannung schnell ein. Dann sind der Stress des Alltags und der Lärm der Straße schnell vergessen. Der Blick wandert über Rosen in zahlreichen verschiedenen Farben, umrahmt von saftigen grünen Blättern. Ob rot, weiß, rosa oder lila – jede Rose ist anders. Nicht nur Blumenliebhaber kommen hier voll auf ihre Kosten. Das ist nicht zuletzt auch dem zarten Rosenduft zu verdanken, der hier in der Luft liegt. Jeder Atemzug fühlt sich an, als würde man selbst mitten im Blumenbeet stehen. Sattsehen oder -riechen kann man sich an dem Blütenmeer jedenfalls nicht, aber die Zeit ist vergessen und man kann sich einfach seinen Gedanken überlassen.

● Rosengarten, Herrenhäuser Straße, 30419 Hannover
● ÖPNV: U-Bahn 4, 5, Haltestelle Herrenhäuser Gärten

Fast in der Südsee

 Trubel und Treiben im Strandbad Hemmingen

Darf es heute mal ein Mister Cat Wiesel auf dem Teller sein oder steht der Hunger mehr nach einem Herrn Schweinsteiger? Eine ganz schön kreative Speisekarte liegt auf dem Tisch des Biergartens im Strandbad Hemmingen. Bei den beiden kuriosen Namen geht es tatsächlich um Pizza. Und während man eine der Pizzen verspeist, lässt sich der Tag im Strandbad hervorragend Revue passieren. Die Wangen sind von der Sonne gerötet, der Sand hat es sich zwischen den Zehen so richtig gemütlich gemacht und durch das Wasser kleben die Haare am Kopf fest. So muss ein Tag im Strandbad sein. Hier ist Urlaubsfeeling garantiert – nicht umsonst haben die Hemminger ihrem Strandbad den Spitznamen Südsee gegeben. Das Wasser ist so klar, dass sich in ruhigen Momenten sogar der Himmel darin spiegelt. Doch einen dieser Augenblicke muss man im Strandbad erst mal erwischen, denn das Bad ist beliebt. Jede Saison kommen etwa 30.000 Badegäste, um sich abzukühlen. Ein Geheimtipp ist daher der Besuch außerhalb der klassischen Badesaison. Denn zu dieser Zeit hat die Bar ebenfalls geöffnet. Das Schwimmen im kalten Wasser ist dann nur etwas für Abgehärtete, aber auch vom Ufer oder Bartisch aus lässt sich die ruhige Aura des schönen Wassers genießen. Nun aber zurück zum sommerlichen Tag im Strandbad, an dem man sich auf vielerlei Arten etwas Gutes tun kann. Bei einer Partie auf dem riesigen Schachfeld wird der Geist so richtig angestrengt, beim Basketball werden die Muskeln ordentlich beansprucht, und dann ab ins kühle Wasser und ein paar entspannte Züge machen. Kommt man dann wieder heraus, klebt der Sand an den nassen Füßen. Also einfach erst mal auf das Handtuch legen, das schon im weichen Sand wartet. Schnell passt sich der Untergrund dem eigenen Körper an – da kann die Rasenfläche nicht mithalten. Doch bevor man im Sand langsam zu schnarchen beginnt, lieber mal ein eiskaltes Getränk in der Strandbar – und so noch etwas für die Seele tun.

● Strandbad Hemmingen, Hohe Bünte 10, 30966 Hemmingen, Tel. (0511) 41 41 17
www.strandbad-hemmingen.de
● ÖPNV: U-Bahn 1, 2, 8, Haltestelle Peiner Straße, 10 Minuten mit dem Fahrrad

Blick über die Hecke

31 *Im Kleingärtnerverein Eilenriede*

In fremde Gärten zu schauen – sei es über den Zaun oder durch die Hecken –, das ist seit eh und je eine beliebte Methode, um den eigenen Spaziergang etwas aufzuwerten. Auch wenn es nicht jedermann zugibt. Dabei ist etwas Neugier doch ganz natürlich und schließlich ist es interessant, zu sehen, wie die Nachbarn oder andere Leute ihre Gärten gestalten. Der Kleingärtnerverein Eilenriede am Eingang zum Stadtwald lädt genau dazu ein – mit kleinen Zäunen und flachen Hecken. Die Wege zwischen den Kleingärten sind für jeden zugänglich, sodass einem Spaziergang durchs angelegte Grün nichts im Wege steht. Wer hat die schönste Gartenlaube, welcher Garten prunkt mit bunten Blumen und welcher Rasen ist millimetergenau gestutzt? Auf einem Rundgang durch eine der sechs Kolonien wird vor allem eins klar: Jeder Garten hat seinen ganz eigenen Charme. Und deshalb macht es auch Spaß, zwischen den Gärten hindurchzuschlendern, über den Zaun zu schauen und die Einzigartigkeit der Gärten auf sich wirken zu lassen. Da gibt es den einen Garten mit dem kleinen Gewächshaus. Den großen Garten mit einem natürlich angelegten Teich. Aus einem anderen Garten strahlen einen unzählige Gartenzwerge an, der nächste setzt auf schlichtes Ambiente. Exemplare, die sich sehen lassen können, gibt es in den Kolonien auf jeden Fall zur Genüge.

TIPP Wer sich einen eigenen Kleingarten zulegen möchte, findet auf der Internetseite eine Übersicht.

Alle zwei Jahre wählt der Fachbereich Umwelt und Stadtgrün gemeinsam mit dem Bezirksverband der Kleingärtner Hannover beim Wettbewerb „Bunte Gärten" unter einem bestimmten Motto den schönsten Garten aus. Beim achten Wettbewerb mit dem Motto „Oasen im Stadtgrün" ging der Titel an Mitglieder des Kleingärtnervereins Eilenriede aus der Kolonie Luftbad II. Aber egal, ob es von einer Jury bestätigt wurde oder nicht, jeder einzelne Garten hätte einen Preis verdient. Wenn sich Kleingärtner die Mühe machen und aus ihren Gärten kleine Kunstwerke zaubern, dann macht das ganz Hannover glücklich. Denn dann gibt es beim Blick über die Hecke richtig was zu entdecken.

Kleingärtnerverein Hannover-Eilenriede e.V., Hermann-Bahlsen-Allee, 30655 Hannover
www.hannover-eilenriede.de
ÖPNV: U-Bahn 3, 7, 9, Haltestelle Spannhagengarten

Lindens schönste Kastanie

32 *Nachwuchs auf dem Lichtenbergplatz*

Mitten auf dem Lichtenbergplatz steht sie: die schönste Kastanie Lindens. Schön vor allem wegen ihrer Bedeutung. Denn sie musste in große Fußstapfen gepflanzt werden. Weil ihre Vorgängerin krank wurde, musste das bis dahin Grüne Wahrzeichen Lindens gefällt werden. Zum Abschied von der beliebten Kastanie waren damals viele Lindener vorbeigekommen. Das liegt jetzt über 20 Jahre zurück. Nach kurzer Zeit, in der der Lichtenbergplatz ohne Baum war, wurde dann die neue Kastanie gepflanzt. Mit Erfolg: Heute ragt sie mitten auf dem Rasen schon einige Meter in Richtung Himmel. Der Stamm ist mächtig, die Äste sind groß. Ihre Blätter leuchten grün und im Frühjahr verleihen ihr die Blüten das gewisse Etwas. Im Winter ist sie kahl. und dann wird besonders deutlich, wie schön farbenfroh sie in den wärmeren Monaten ist. Die Kastanie vergrünt den Hannoveranern den Tag: Autofahrern, die um den Lichtenbergplatz herum in Richtung Linden-Mitte fahren. Fußgängern, die vom Lindener Marktplatz zur Limmer Straße laufen. Anwohnern, die morgens aus ihrem Fenster auf den runden, grünen Lichtenbergplatz schauen dürfen. Die Rasenfläche mitsamt Baum ist seit Jahren von einem kleinen Zaun umrandet. Die Kastanie soll schließlich in Ruhe wachsen können. Für Vierbeiner ist das Betreten streng verboten, das Betreten für Lindener Sonnenanbeter ist hingegen geduldet. Immer mal wieder sieht man dort jemanden in der Sonne sitzen. Besonders einladend, um dort viel Zeit zu verbringen ist, die Rasenfläche inmitten des Kreisels aber nicht. Viel mehr Nutzen bietet der Blick von außen, während man aus einem der kleinen Shops auf den Bürgersteig tritt, beim Bäcker seinen morgendlichen Kaffee schlürft oder in einem der Restaurants sein Mittag in der Sonne isst. Dann bietet der Lichtenbergplatz eine herrliche Aussicht inmitten von Stadtverkehr und Wohnhäusern. Ein bisschen Grün für den Platz, den täglich so viele Menschen kreuzen.

○ Lichtenbergplatz, 30449 Hannover
○ ÖPNV: U-Bahn 10, Haltestelle Am Küchengarten

Der Abendsonne entgegen

33 *Leinen los auf der Leine*

Die Sonne spiegelt sich im Wasser der Leine. Noch steht sie etwas höher am Himmel, aber mit jeder Minute bewegt sie sich ein kleines Stück weiter Richtung Horizont. Der Sonnenuntergang naht, deshalb ist das die perfekte Zeit, um auf der Leine der untergehenden Sonne entgegenzupaddeln. Ein Paddelboot kann zum Beispiel beim Kanuverleih Hannover am Maschsee ausgeliehen werden. Die Paddeltour zum Sonnenuntergang startet am Strandleben in Linden, der beliebten Bar direkt an der Ihme. Wer statt mit einem Boot zu paddeln, lieber stehen will, kann auch Stand-up-Paddeln und sich hier ein Board ausleihen, bevor es hinaus auf das Wasser geht. Flussabwärts geht es bis zur Limmer Schleuse. Der Strom der Leine trägt das Boot fast von allein, man muss nur ein wenig mitpaddeln. Das gibt mehr Zeit dafür, die andere Perspektive zu genießen. Plötzlich blickt man nicht mehr vom Ufer auf das Wasser, sondern andersherum. Man sieht Hannover schließlich nicht alle Tage von der Leine aus. Oft lohnt es sich ja auch im Leben, mal den Blickwinkel zu wechseln.

TIPP Wer Spaß daran findet: Eine Paddeltour kann man natürlich auch zu jeder anderen Tageszeit machen.

Der Blick auf die Umrisse der Stadt, die hinter den Uferbäumen hervorragt, ist besonders im Abendlicht sehenswert. Das Wasser leuchtet im Licht der Sonne, Menschen winken vom Ufer zu, der Moment ist einfach perfekt. An der Abzweigung der Leine unbedingt links halten, um in Richtung Limmer Schleuse zu gelangen. Vor dem Wehr in Herrenhausen dann links abbiegen und weiter in Richtung Lindner Hafen paddeln. Unterwegs gibt es zahlreiche Stellen, wo sich nicht nur der Sonnenuntergang beobachten lässt, sondern wo man den Tag auch noch mit einem Sprung ins Wasser beenden kann. Also rein in das noch relativ warme Leinewasser, das seine Temperatur der tagsüber strahlenden Sommersonne verdankt. Und wenn die Sonne hinter dem Horizont verschwindet, die letzten Strahlen die kleinen Wolken am Himmel in leuchtendes Orange tauchen, dann ist es Zeit zurückzupaddeln.

▶ Leine, Hannover
▶ ÖPNV: U-Bahn 3, 7, Haltestelle Stadionbrücke

Ein echter Hingucker

34 Die Welt zu Hause im Berggarten

Im Berggarten in Herrenhausen blühen 12.000 verschiedene Pflanzenarten – eine unvorstellbare Anzahl. Damit haben in dem beliebten botanischen Garten etwa 31 Prozent aller Pflanzenarten weltweit ein Zuhause gefunden. Zahlen, die schon mal zum Staunen bringen können. Aber das Staunen darüber ist nichts gegen die Reaktion, wenn man den Berggarten dann wirklich betritt. Direkt rechts vom Eingang befindet sich einer der schönsten Bereiche des Gartens: der Schmuckhof. Hier wurden vor dem alten malerischen Bibliothekspavillon zahlreiche Blumen gepflanzt. Und sie blühen in all ihrer Pracht, strahlen in bunten Farben, scheinen um den Titel der schönsten Pflanze zu kämpfen. Zweimal im Jahr werden die Beete neu bepflanzt, dabei wird nichts dem Zufall überlassen. Sommerblumen aus aller Welt sind sorgfältig aufeinander abgestimmt und ergeben ein schönes Gesamtbild. Hier wurden Mangold, Dahlien, Begonien und Canna liebevoll in die geometrisch angelegten Beete gesetzt. Auf den Wegen zwischen den Beeten kommt man aus dem Staunen und Fotografieren nicht mehr heraus. So viele schön blühende Pflanzen an einem Ort sieht man nur selten. Und das ist nur der Anfang: Der Berggarten verteilt sich über eine Fläche von 12 Hektar und teilt sich in unterschiedliche Themenbereiche wie den Steingarten, den Staudengrund oder den Präriegarten. Im Gegensatz zum Schmuckhof wirken die anderen Bereiche natürlicher, man läuft auf kleinen Wegen durch die Gärten, aber auch hier blühen links und rechts die Pflanzen um die Wette. Im Laufe des Jahres erscheint der Berggarten immer wieder anders – durch die Blütezeit der Pflanzen, die Veränderung der Blattstruktur oder Farbe, aber auch wenn die ersten Früchte wachsen. Ein Muss beim Besuch im Berggarten ist das Orchideen-Schauhaus. Zahlreiche verschiedene Orchideen gibt es hier zu sehen, eine schöner als die andere. Besonders bei kühlem und nassem Wetter bietet das Schauhaus einen einzigartigen Unterschlupf – bis die Sonne auch die Blumen in den Außenbeeten wieder in voller Pracht strahlen lässt.

> Berggarten, Herrenhäuser Straße, 30419 Hannover
> ÖPNV: U-Bahn 4, 5, Haltestelle Herrenhäuser Gärten

Das etwas andere Baumhaus

35 *Ein Besuch im Waldhochhaus Eilenriede*

184 Stufen geht es durch das Waldhochhaus Eilenriede hinauf bis zur obersten Plattform. Dort wartet eine schöne Aussicht! Doch auf dem Weg nach oben geht es vor allem um eine Einsicht in das Leben der Baumbewohner. Das Konzept ist durchdacht: Der begehbare Turm mit seinen verschiedenen Etagen steht für eine Eiche, in der auch auf den jeweiligen Höhen unterschiedliche tierische Bewohner zu finden sind. Schon am Eingang muss man schmunzeln, denn neben den Briefkästen für jeden einzelnen Bewohner gibt es auch Klingeln. Drückt man diese, hört man die Stimme des jeweiligen Tieres. Der Turm ist Teil der Waldstation Eilenriede, wo natürlich nicht nur Kinder das Waldleben entdecken können. Schließlich geht es auf dem Weg von der Baumwurzel bis zur Baumkrone um wichtige Themen, die alle betreffen: Was bedeutet der Wald für eine Großstadt? Welche Rolle spielt Holz als nachwachsender Rohstoff? Und nicht zu vergessen ist der Weg bis zum Blätterdach des Hochhauses, wo auf 36 Metern Höhe eine beeindruckende Aussicht wartet. Über den Stadtwald Eilenriede hinweg, dessen unterschiedliche Bäume dicht an dicht stehen, blickt man direkt auf die Skyline von Hannover. Sie ist zwar weit entfernt, aber wer die Stadt kennt und Glück mit der Sicht hat, der kann einige Sehenswürdigkeiten Hannovers ausmachen – die türkise Kuppel des Kongresszentrums, den großen Turm der Marktkirche, die „Warmen Brüder", die Türme des Heizkraftwerks Linden. An windigen Tagen schwanken die Bäume sanft hin und her, an sonnigen Tagen leuchten der Himmel blau und die Bäume grün, an klaren Tagen ist die Sicht bis in Hannovers Innenstadt besonders gut. Der Ort ist nicht überfüllt, sondern bietet Zeit und Raum, um mal tief durchzuatmen. Die Luft der grünen Lunge Hannovers aufzusaugen, aber auch um die Größe der Eilenriede zu begreifen und wie grün und lebenswert die Stadt dadurch wird. Was richtige Baumbewohner tagtäglich für eine gute Aussicht genießen dürfen!? Gäbe es das Waldhochhaus nicht, müsste man glatt neidisch werden.

● Waldhochhaus Eilenriede, Kleestraße 81, 30625 Hannover
● ÖPNV: U-Bahn 3, 7, 9, Haltestelle Klingerstraße

Niedersächsisch charmant

36 *Herbst im Hermann-Löns-Park*

Es wird Herbst. Aber wie jede Jahreszeit hat auch der Herbst seine ganz eigene Magie. Zwar werden die Tage langsam kürzer und die Temperaturen sinken. Dafür färben sich aber die Blätter der Bäume in schönstes Orange und Gelbgold. Die Sonne scheint vielleicht, aber es ist kalt draußen, oder es ist grau und man fragt sich, ob man heute wirklich einen Fuß vor die Tür setzen möchte. Die Antwort lautet ja – und zwar in den Hermann-Löns-Park in Kleefeld. Warum? Schon wenn man über den Promenadenweg in den Park hineinläuft, sind plötzlich die viel befahrenen Straßen vergessen. Man läuft direkt auf die restaurierte Bockwindmühle zu, die schon über 300 Jahre alt ist. Links daneben steht ein altes und gut erhaltenes Fachwerkhaus. Es hat Charme und passt sich perfekt in die Natur ein. In dem alten Gebäude ist heute das Restaurant Alte Mühle. Zusammen ergeben die beiden alten Bauten ein stimmiges Bild von einem kleinen niedersächsischen Dorf. Eine typisch norddeutsche Wiesen-Kulturlandschaft war auch die Idee zur Gestaltung des Hermann-Löns-Parks. Ja, der Ausflug fühlt sich dadurch schon wie eine Fahrt in die Region um Hannover an, zu kleinen Dörfern und großen Wiesen und ruhigen Gewässern. Aber all das befindet sich hier eben auch mitten im Stadtgebiet. Die Naherholung macht der zweigeteilte Annateich perfekt. Er ist idyllisch gelegen, man hört die Enten quaken und die Vögel zwitschern. Die mit Schilf bewachsenen Inseln verstärken den Eindruck einer Seenlandschaft. Ein idealer Ort, um die Ruhe und die Natur zu genießen. Rund um den westlichen Teil des Sees führt ein Weg und lädt zu einem ausgiebigen Spaziergang ein. Auf dem Rückweg dann noch eine kleine Pause in der Alten Mühle einlegen und mit einem warmen Kaffee und einem Stück Kuchen den herbstlichen Spaziergang abrunden. Hat sich doch gelohnt, einen Fuß vor die Tür zu setzen, oder?

○ Hermann-Löns-Park, 30559 Hannover
○ ÖPNV: U-Bahn 5, Haltestelle Bleekstraße

Japanisches Flair

37 *Kirschblütentraum am Hiroshima-Hain*

Die japanische Kirschblüte ist eines der bekanntesten Symbole der japanischen Kultur. Jedes Jahr strömen Tausende Touristen nach Japan, um zu Beginn des Frühlings ihre Blütezeit mitzuerleben. Denn wenn die Kirschbäume blühen, ist das ein magischer Anblick: Die Bäume sind über und über mit rosa und weißen Blüten besetzt. Kein Wunder also, dass die einzigartige Blüte in Japan für Schönheit, Aufbruch und Vergänglichkeit steht. Zum Höhepunkt ihrer Blüte wird das Kirschblütenfest und damit der Anfang des Frühlings gefeiert. Hannoversche Fans der japanischen Blüte und des Kirschblütenfests müssen dafür nicht extra nach Japan reisen. Denn Hannover hat auf der Alten Bult sein ganz eigenes Kirschblütenmeer – den Hiroshima-Hain. Hiroshima ist Hannovers Partnerstadt und im Rahmen dieser Partnerschaft wurde auch die Gedenkstätte errichtet. Sie besteht aus 110 Kirschbäumen und zahlreichen Kunstinstallationen, die an die Opfer des Atombombenabwurfs über Hiroshima erinnern. Doch der Hiroshima-Hain ist eben nicht nur ein Ort des Gedenkens, sondern einmal im Jahr auch ein Veranstaltungsort für das traditionsreiche Kirschblütenfest. Im Schatten der blühenden Bäume steht dann alles unter dem Motto Japan – es gibt kulinarische japanische Spezialitäten, man kann Origami und japanische Kampfkunst erlernen, und es wird japanische Musik gespielt. Ein absolutes Muss für Japan-Fans. Das Beste am Hiroshima-Hain ist, dass zwei verschiedene Sorten Kirschbäume gepflanzt wurden, die nacheinander blühen. So kann man Blattgrün und erste Blüten gleichzeitig und etwas länger als üblich beobachten. Denn es ist richtig, dass die Kirschblüte – so schön sie auch ist – unter anderem für die Vergänglichkeit steht und schnell wieder verblüht. Auch wenn der Hiroshima-Hain ganzjährig einen Ausflug wert ist, so ist es doch am schönsten im April, wenn das traditionelle Fest Japans gefeiert wird und die Kirschblüten die Besucher ins Land der aufgehenden Sonne entführen.

• •

Hiroshima-Hain, Bischofsholer Damm, 30173 Hannover
ÖPNV: S-Bahn S1, S2, S4, S5, S21, S51, Haltestelle Bismarckstraße

Am Ufer entlang

38 *Berühmt und beliebt: der Maschsee*

Am Nordufer des Maschsees zu stehen und über 2 Kilometer in Richtung Südufer zu schauen, fühlt sich fast wie der Blick aufs Meer an. Die Sonne steht hoch am Himmel. Sie strahlt. Das schöne Wetter nutzen viele: Mit Segel- oder Tretbooten fährt man über das Wasser. Der Maschsee ist vermutlich der beliebteste Ort Hannovers und auch über die Stadtgrenzen hinweg bekannt. Diesen Ruhm hat der Maschsee sich redlich verdient. Er ist nicht nur wunderschön, sondern bietet auch Raum für unterschiedliche Aktivitäten wie zum Beispiel das Tretbootfahren. Einfach am Nordufer eins ausleihen und dann über den See fahren. Auf dem Wasser zu sein, weitab vom Ufer, gibt einem das Gefühl von Leichtigkeit. Hier auf dem kleinen Boot kann man nach Lust und Laune treten oder sich einfach treiben lassen und die Sonne genießen. Wer eine kleine Abkühlung braucht, der fährt um die große Fontäne herum. Wenn der Wind richtig steht, gibt es ein paar kühle Tropfen ins Gesicht. Das Tretbootfahren ist so einfach, dass es wirklich jeder kann, und trotzdem hat man das Gefühl, etwas Besonderes zu tun. Wer lieber an Land bleibt, wagt sich an den 6 Kilometer langen Weg rund um den Maschsee – einfach perfekt für eine Spritztour mit Inlinern. Viele Hannoveraner sind diese Runde schon Hunderte Male gefahren oder gegangen. Aber man kann sich am See einfach nicht sattsehen. Im Schatten der Allee am Rudolf-von-Bennigsen-Ufer kommt man langsam in Fahrt. Für eine kurze Pause bietet sich die Löwenbastion an, die ihren Namen den zwei Löwenstatuen am Eingang zum halbrunden Platz verdankt. Kleine Pausen oder zumindest der Blick auf den See bleiben schließlich ein Muss. Weiter geht es am Südufer mit Strandbad und dann direkt am See zurück Richtung Nordufer entlang der Westseite. Hier ist es meist etwas ruhiger, denn Spaziergänger oder Radfahrer sind am Rudolf-von-Bennigsen-Ufer unterwegs. Vorbei am Ruder-, Yacht- und Kanuclub geht es in Richtung Biergarten. Kurz davor gibt es einen Holzsteg am Wasser. Also: Hinsetzen, abschalten, genießen!

· ·

🔵 **Maschsee, Arthur-Menge-Ufer, 30169 Hannover**
🔵 **ÖPNV: Bus 100, Haltestelle Hannover Maschsee/Sprengel Museum**

In Erinnerungen schwelgen

39 *Der Freundschaftshain an der Silberstraße*

In Bäumen steckt immer auch ein wenig Erinnerung. An die glückliche Kindheit erinnert der Apfelbaum, der im Garten des Elternhauses steht. An die erste Wohnung die große Kastanie, auf die man jeden Morgen aus dem Küchenfenster geschaut hat. An die eigene Oma der Kirschbaum vor ihrer Haustür, weil sie Kirschen so gerne mochte. Da steht ein Baum mit seinen Wurzeln fest im Boden und erinnert an ein Ereignis, eine Zeit im Leben oder an einen geliebten Menschen. Bäume sind eine wunderbare Art, um Erinnerungen festzuhalten – und sie wortwörtlich zu verwurzeln. Der Freundschaftshain an der Silberstraße bietet dazu die Möglichkeit: Auf dem Wiesenstück kann jeder Hannoveraner zu einem besonderen Anlass einen Baum pflanzen. Das darf die Geburt des Kindes sein, zum Zeichen der Liebe oder als Andenken an einen verstorbenen Menschen – ganz egal, hier soll jeder einen Baum zur Erinnerung haben können. Im ganzen Stadtgebiet gibt es zehn dieser Freundschaftshaine, und mittlerweile wurden dort über 250 Bäume gepflanzt. Jeder Baum hat seinen eigenen Holzpfahl, an dem auf einem Fähnchen oder Schild die Erinnerung festgehalten wird. Einer für Opa Walter zum 80. Geburtstag, ein anderer ist Mias erster Apfelbaum. Bei der Wahl des Baumes ist man frei, und so stehen Kastanie, Ginkgobaum und Obstbäume durcheinander. Aber genau das verleiht den Freundschaftshainen ihren Charme.

TIPP Die Extraportion Natur gibt es bei einem Besuch im Naturfreundehaus Hannover zu erleben.

Hier steht jeder Baum für einen besonderen Anlass, an den erinnert werden soll. Wie schön, dass man Erinnerungen so festhalten kann. Der Baum wächst und wächst, der Stamm wird dicker und größer, vielleicht trägt er schon bald erste Früchte. Für Kinder, denen der Abschied vom eigenen Schnuller schwerfällt, gibt es sogenannte Schnullersträucher. Hier können sie ihre „Schnullis" schön dekoriert hinhängen und sie jederzeit besuchen. Egal ob Schnullerstrauch oder Apfelbaum – der Freundschaftshain lädt dazu ein, in Erinnerungen zu schwelgen.

● Freundschaftshain, Silberstraße, 30655 Hannover
● ÖPNV: Bus 125, Haltestelle Silberstraße

Grüne Pause

40 *Der Gartenfriedhof als Rückzugsort*

Wieder mal viel Verkehr auf der Marienstraße. Die Straße verbindet den Messeschnellweg mit der Innenstadt Hannovers. Hier muss man zu Stoßzeiten also Geduld mitbringen. Ein Autofahrer hupt, ein anderer schreit aus seinem Fenster heraus. Der Bürgersteig ist voller Menschen, die es besonders eilig haben. Dann klingelt auch noch ein Fahrradfahrer heftig, weil er schnell vorbeifahren will. Puh, manchmal kann das Leben in einer Großstadt ja schon ganz schön anstrengend sein. Momente wie diese kennt wahrscheinlich jeder. Da kommt es durchaus gelegen, wenn es gleich um die Ecke die Möglichkeit gibt, die Großstadtatmosphäre hinter sich zu lassen. Der Gartenfriedhof liegt direkt an der Marienstraße im Schatten der Gartenkirche, die ihren Namen dem Friedhof verdankt. Allerdings wird er seit rund 200 Jahren nicht mehr als solcher genutzt, dient seither aber noch als Denkmal. Für die Menschen in Hannover ist er heute mitten in der dicht besiedelten Innenstadt vor allem eine kleine grüne Oase, in die man sich schnell zurückziehen kann. Ein bisschen Grün als Kontrast zum Grau des Asphalts. Ein Spaziergang unter den großen, alten Bäumen hindurch tut gut. Auch wenn der Ort nicht zum stundenlangen Verweilen einlädt, ist er genau der richtige, wenn man mal einen Moment rauskommen möchte. Vielleicht für ein bisschen Bewegung in der Mittagspause, einen kleinen Spaziergang am Wochenende oder um mal kurz die vollen Straßen und die Hektik der Stadt hinter sich zu lassen. Das geht hier ganzjährig gut. Im Frühling blühen an diesem grünen Fleckchen Erde Weißblühende Blausternchen, im Sommer spenden die großen Bäume angenehmen Schatten. Im Winter – nach einem der seltenen Schneefälle – hat der Gartenfriedhof eingeschneit eine ganz besondere Magie. Und so bleibt er ein Zufluchtsort zu jeder Jahreszeit.

TIPP Wer eine kleine Auszeit mit seinen Kindern sucht, hier gibt es sogar einen kleinen Spielplatz.

🔵 Gartenfriedhof, Marienstraße 35, 30171 Hannover
🔵 ÖPNV: U-Bahn 1, 2, 4, 5, 6, 8 oder 11, Haltestelle Aegidientorplatz

Sonnige Lichtung

41 Eine Wiese mit Mittelwald

In der Eilenriede stehen Bäume dicht an dicht, nur einige Wege durchkreuzen das Waldgebiet. Wer an sommerlichen Tagen Schatten sucht und finden will, ist in Hannovers Stadtwald dementsprechend richtig. Aber es gibt auch diese kleinen, besonderen Orte in der Eilenriede, wo man aus dem Schatten der Bäume ins Licht der Sonne kommt. Und so episch, wie das klingt, ist es auch: Denn nach einer Radtour oder einem ausgedehnten Spaziergang im gedimmten Licht der Eilenriede, erscheint einem eine Lichtung plötzlich wie ein magischer Ort. Die kleine Wiese mit Mittelwald strahlt im Sonnenlicht. Das Gras ist saftig grün, der Himmel strahlend blau. Ein guter Ort, um den Moment zu genießen. Ein Hundebesitzer geht gerade mit seinem struppigen Vierbeiner über die Wiese, um dann wieder im Dickicht der Bäume zu verschwinden. Ein Vater übt mit seiner Tochter die ersten Schritte, ein Pärchen schlendert gemütlich den Weg entlang. Die Wiese, umrahmt von zahlreichen Bäumen des Stadtwaldes, versprüht das Gefühl von Geborgenheit und von Intimität. Das hier ist keine Wiese, über die täglich mehrere Hundert Menschen laufen. Sondern es ist eine Wiese, an der die Hannoveraner bei ihrem Spaziergang eher zufällig vorbeikommen, wegen der Radfahrer bewusst eine Pause einlegen oder zu der die Kenner kommen, um ein bisschen Ruhe zu tanken. Man kann die Hummeln auf dem gelben Löwenzahn beobachten und dem Gezwitscher der Vögel im Hintergrund lauschen und die ansonsten angenehme Stille genießen. Einen besseren Ort für eine unverhoffte Pause kann es eigentlich nicht geben. Deshalb sollten Hannoveraner, die in der Eilenriede vom Maschsee bis nach Kleefeld fahren oder von der List bis nach Ricklingen, sich die Zeit nehmen, um mal vom Fahrrad abzusteigen und auf der kleinen Wiese ein paar Minuten Sonne zu genießen. Wer nichts dem Zufall überlassen und die Lichtung direkt aufsuchen möchte, folgt der Lortzingstraße bis zum Eingang in die Eilenriede und geht dann den Weg Richtung Steuerndieb weiter.

● Waldwiese im Stadtwald Eilenriede, 30177 Hannover
● ÖPNV: U-Bahn 3, 7 oder 9, Haltestelle Lortzingstraße, von dort rund 15 Minuten Fußweg

Picknick am Wasser

 ## *Der Blanke-Teich in Wennigsen*

Ein massiver Stamm als Tischbein und eine dicke Steinplatte obendrauf machen den kleinen Tisch komplett. Rundherum eine kleine Erhebung aus Steinen mit aufliegenden Holzbrettern zum Sitzen. Der Blick von den Bänken aus geht in Richtung Teich – das Wasser ist ruhig und ein lauer Wind geht. Klingt idyllisch, oder nicht? Ein ausgezeichneter Platz für ein Picknick am Wasser mitten in der Natur. Auch für größere Picknick-Pläne bietet der Tisch aus Stein genug Platz. Da heißt es also den Picknickkorb mit Leckereien zu füllen, etwas Herzhaftes und vielleicht eine Flasche Sekt, auch Kaffee und Kuchen – und schon kann es losgehen. Vom Wennigser Bahnhof aus ist es ein einstündiger Spaziergang von etwa 4 Kilometern bis zum Blanke-Teich. Wer mit dem Auto anreist, kann den Spaziergang noch mal verkürzen, denn vom Wanderparkplatz am Waldfriedhof sind es nur knapp 2 Kilometer bis zum Teich. Aber egal, ob man den langen oder kurzen Weg wählt, eine gemütliche Pause ist jederzeit willkommen. Das Picknick am Blanke-Teich ist also nicht nur eine wunderbare Idee, sondern eben auch ein schöner Ausflug in die Natur. Die Vögel zwitschern laut und fröhlich vor sich hin, und beim Blick auf das ruhige Wasser schmeckt jedes Wurstbrot gleich doppelt so gut. Das Schöne am Blanke-Teich ist seine Naturbelassenheit. Hier wächst auch mal ein großer Teil des Teiches mit Seegras zu oder es liegt das Laub der umliegenden Bäume im Wasser. Im Deister muss man gar nicht weit laufen, um das Gefühl zu haben, mitten in der Natur zu sein. Und während es im Sommer gerne auch ein ausgiebiges Picknick am Teich sein kann, eignet sich die Sitzgelegenheit im Winter vielleicht nur für einen heißen Schluck Tee aus der mitgebrachten Thermoskanne. Je nach Jahreszeit erscheint der Teich dann wieder in einem ganz anderen Licht. Gut, dass es den Picknickplatz gibt – so kann man den Teich in jeder Jahreszeit in Ruhe genießen.

TIPP Im Wanderpass gibt es für viele Wanderungen Stempel – und hier als Belohnung den Deister-Pin.

◐ Blanke-Teich, 30974 Wennigsen (Deister)
◐ ÖPNV S-Bahn S1, Haltestelle Wennigsen (Deister)

Ich bin dann mal weg

43 *Feldmark zwischen Misburg und Anderten*

Es gibt Orte auf dieser Welt, die scheinen einfach für etwas Bestimmtes gemacht zu sein: Zum Beispiel wenn ein See mit breitem Sandstrand zum Sonnen und Baden einlädt oder eine große Wiese im Park den Wunsch auslöst, sich ins Gras zu setzen und etwas zu entspannen. Wenn es für die Feldmark zwischen Misburg und Anderten so eine Bestimmung geben würde, dann wäre es das Spazierengehen. Die Wege, die durch die Felder und Wiesen führen, laden einfach dazu ein, die Weite der Landschaft zu Fuß zu erkunden und dabei all den Alltagsstress mal hinter sich zu lassen. Und dass man hier so wunderbar spaziert, ist nicht mal ein Geheimnis. Denn viele kommen mit ihren Hunden her, Familien machen ihren gemeinsamen Sonntagsspaziergang, und Paare treffen sich in der Feldmark, um die Zweisamkeit an der frischen Luft zu genießen. Die Wiesen in der Feldmark sind so saftig, dass man sich am liebsten ins grüne Gras legen und die Welt vergessen würde. Sobald man die asphaltierten Hauptwege verlässt, fühlt man sich der Natur sogar noch etwas näher. Hier sind die Waldwege von Gras überwachsen, keine Zäune weit und breit mehr zu sehen. Von Mai bis September blüht Klatschmohn in leuchtendem Rot auf den Wiesen und Feldern. Aber allerlei Pflanzen gibt es nicht nur in den Sommermonaten zu entdecken, man muss nur etwas genauer hinsehen, um die Vielfalt in der Feldmark zu entdecken. Sogar Schilf ist hier an einigen Orten zu finden, während im Hintergrund die kleinen Gänseblümchen auf der Wiese blühen. Eigentlich, kann man sagen, erfüllt die Feldmark alle wichtigen Zutaten für einen richtig guten Spaziergang: Es gibt genug Fläche und Wege, um sich ausgiebig zu bewegen. In der Feldmark riecht ein Spaziergang nach Wiesen und Weiden. Und er klingt nach Ruhe und Erholung. Und Sie? Träumen Sie noch oder spazieren Sie schon?

TIPP Den Spaziergang in einem der Biergärten Andertens unter freiem Himmel ausklingen lassen.

⊙ Feldmark zwischen Misburg und Anderten, 30559 Hannover
⊙ ÖPNV: S-Bahn S3, Haltestelle Anderten-Misburg, von dort zu Fuß links über Augsburger Straße, links Richtung Sportplatz am Biergarten vorbei

Abseits des Weges

44 *Die Holzbrücke am Mittellandkanal*

Abzweigungen gibt es im Leben viele. Nicht nur tatsächliche Wegtrennungen, sondern auch symbolische. Am Mittellandkanal gibt es eine, die beide Kriterien erfüllt: Wer von Misburg kommend kurz vor der Brücke am Meersmannufer vom Weg links abbiegt, statt außen herumzufahren, der findet zur Holzbrücke. Vermutlich fahren die meisten Radfahrer täglich einfach an der Brücke vorbei, denn der eigentliche Weg führt um dieses Bauwerk herum. Doch die Abbiegung lohnt sich, denn selten hat sich Vom-Weg-Abkommen so gut angefühlt. Eine Abzweigung, die zu Ruhe und Gelassenheit, zu Entspannung und Runterkommen führt. Die Brücke steht auf mächtigen Sockeln aus Stein, ansonsten ist sie vollkommen aus Holz. Klein, aber fein ist sie dazu und bietet Spaziergängern und Radfahrern die Möglichkeit, eine kurze Pause einzulegen. Kleine Stufen auf der Brücke können als Sitzgelegenheit genutzt werden. Der Rand der Brücke – ebenfalls aus Holz – erinnert fast an die Reling eines Schiffes. Hier kann man sich anlehnen, die Arme ablegen und den Ausblick genießen. Und der geht direkt ins Grüne: Auch das Wasser des Mittellandkanals erscheint an manchen Tagen etwas grün und fügt sich so in das Farbbild der Bäume, Wasserpflanzen, Blumen und Büsche rundherum. Man verweilt gerne hier und freut sich, wenn ab und an mal ein Schiff vorbeifährt. Vielleicht ist es ein voll bepacktes Transportschiff, vielleicht hat es einen niedlichen Namen, vielleicht winkt einem sogar jemand von Deck aus zu und man winkt zurück. Egal, ob Jung oder Alt, Schiffe zu beobachten oder ihnen nachzuschauen, ist immer ein Erlebnis, das einen in die Ferne schweifen lässt. Die Holzbrücke am Meersmannufer ist perfekt dafür.

Wenn in Zukunft also mal wieder eine Abzweigung dazu auffordert, den Hauptweg zu verlassen, sollte man dem Impuls vielleicht folgen. Es könnte schließlich ein wunderbares Erlebnis daraus werden – so wie der kleine Stopp auf der Holzbrücke am Mittellandkanal.

Holzbrücke am Mittellandkanal, 30655 Hannover
ÖPNV: Bus 125, Haltestelle Meersmannufer

Mit Liebe gemacht

45 *Wennigser Wasserräder im Deister*

Schon von Weitem ist das Klappern der Wasserräder zu hören. Ein melodisches Klacken, das bei vielen Generationen von Hannoveranern die Erinnerung an ihre Kindheit wachruft. Denn die Miniaturmühlen am Bröhm in Wennigsen gibt es schon seit 1957 und so waren viele, die heute mit ihren Enkeln herkommen, bereits in Kindertagen als Ausflügler bei den Wasserrädern. Einige der historischen Mühlenmodelle sind noch immer zu bestaunen – darunter die Deisterschmiede. In der kleinen Modellschmiede wird fleißig gehämmert – zwei kleine und ein großer Hammer sorgen mit ihren Schlägen für den vertrauten Klang der Wasserräder. Lange bevor man sein Ziel erreicht, ist ihr Klappern zu hören. Aber wenn man sie dann entdeckt, muss einem einfach das Herz aufgehen: Die rund 20 Modelle wurden mit Herzblut hergestellt und das sieht man ihnen auch an. Farbenfroh, detailreich, einzigartig. Mit dem melodischen Klacken der Räder im Ohr wird man auf dem Rundweg um die Modelle noch in andere Welten entführt – zu Schneewittchen mit ihren sieben Zwergen oder in die Sesamstraße. Aber auch Skilift, Kettenkarussell und Jahrmarkt dürfen an diesem Ort nicht fehlen. Auf einer Fläche von 100 Quadratmetern werden die Modelle jedes Jahr Ende April aufgestellt. Dann kann man bis Ende September bewundern, wie den Miniaturwassermühlen durch die Hubarbeit des aufgestauten Wassers Leben eingehaucht wird. Es ist eine wahre Freude, das mit anzusehen: Jedes Modell überrascht mit neuen Ideen oder originellen Kleinigkeiten. Hier ist Hektik fehl am Platz, denn man sollte sich genug Zeit nehmen, um den Modellen die Aufmerksamkeit zu schenken, die sie verdienen. Das Gesamtkunstwerk, das der Verein der Bastlergemeinschaft der Wennigser Wasserräder dort geschaffen hat, begeistert jede Saison aufs Neue wieder Tausende Menschen – denn das Klappern der Wasserräder hat seit über 60 Jahren eine begeisternde Wirkung auf Groß und Klein.

....

Wennigser Wasserräder, 30974 Wennigsen (Deister)
www.die-wasserraeder.de
ÖPNV: S-Bahn S1, S2, Haltestelle Egestorf (Deister)

96

Ein Platz, der alles kann

 46 *Grenzenloses Glück am Weißekreuzplatz*

Zwischen der beliebten Lister Meile und der Innenstadt Hannovers gelegen könnte die Lage des Weißekreuzplatzes eigentlich kaum besser sein. Denn hier sind täglich viele Hannoveraner unterwegs, die auch mal eine Pause von ihrem Einkaufsbummel benötigen. Wenn es eine To-do-Liste für den Weißekreuzplatz geben würde, dann sähe sie vermutlich so aus: Erstens, den Platz aus der Ferne beobachten. Vielleicht bei einem Latte Macchiato in einem der vielen anliegenden Cafés und dabei den Blick über den Weißekreuzplatz schweifen lassen. Ein Kaffee schmeckt fast immer gut, wenn man dabei eine schöne Aussicht genießen kann. Hinter dem Grün des Platzes schauen schöne Altbauten hervor, und tagein, tagaus herrscht hier ein munteres Treiben. Langweilig wird es also auch beim Zuschauen nicht. Der zweite Punkt auf der Liste wäre, den Platz zu umrunden. Es ist kein Geheimnis, dass ein anderer Blickwinkel die Sicht auf so manches verändern kann. So auch beim Weißekreuzplatz. Viele kleine Läden, Gaststätten mit Freisitz und Bänke zum Verweilen kann man so entdecken. Als drittes sollte man ganz nah an den Platz gehen. Wer Rosen mag, der wird den Weißekreuzplatz lieben. Denn hier gibt es Rankengerüste, an denen die Kletterrosen hinaufwachsen. Ihre Blüten leuchten in allen Farben. Überhaupt wird der Weißekreuzplatz oft von der Sonne geküsst, sodass man sich mitten im städtischen Trubel in eine blühende Oase begeben kann. Der letzte Punkt dieser Liste wäre, man tut, wonach einem gerade der Sinn steht: Das Schöne am Weißekreuzplatz ist, dass man ihn schnell aus der Innenstadt oder aus der List erreichen kann. Und dass einem hier fast keine Grenzen gesetzt sind. Will man mal nur kurz 5 Minuten frische Luft und Sonne genießen, danach aber weiter? Kein Problem. Frühstück, Mittagessen, Abendessen mit Blick auf den Platz – auch möglich. Eigentlich ist hier so ziemlich alles möglich, wonach einem ganz spontan der Sinn stehen kann. Ganz wie es bei einem Grünen Glücksort sein muss – hier tut man das, was einen glücklich macht.

Weißekreuzplatz, 30161 Hannover
ÖPNV: U-Bahn 3, 7, 9, Haltestelle Sedanstraße/Lister Meile

Im leuchtenden Gelb

47 *Das Rapsfeld in der Feldmark*

Gelb ist eine fröhliche Farbe. Sie ist optimistisch, steht für Wohlbefinden und Lebensfreude. Gelb ist wie das Sonnenlicht, weshalb die Farbe auch an den Sommer, an Strand, Meer, Urlaub, Sonnenblumen und gute Laune erinnert. Gelb ist also eine Farbe, die glücklich macht. Und nichts blüht im Frühling so saftig gelb wie der Raps. Im Auto entlang der Bundesstraßen sieht man ihn bei einem Blick aus dem Fenster, beim Spaziergang durch die Region erkennt man seine leuchtende Farbe schon von Weitem. Ein saftiges Feld über und über mit Raps gefüllt. Eine Blüte strahlt mehr als die andere, es ist einfach ein schöner Anblick. Und den muss man besonders genießen, denn die Blüte des Rapses ist nur von kurzer Dauer. Je nach Witterung blüht Raps etwa drei bis fünf Wochen, eine einzelne Blüte ist sogar schon nach etwa zwei Tagen verblüht. Sobald der Raps also anfängt zu blühen, heißt es ab ins Rapsfeld – zum Beispiel nach Anderten. Wenn man vom Bahnhof links über die Augsburger Straße in Richtung Sportplatz geht, am Biergarten vorbei, steht man direkt in der Feldmark. Viele Wege führen dort rund um und durch die Felder, sodass man die Möglichkeit hat, mitten im Raps zu stehen, ohne die Pflanzen zu zertreten. Zugegeben, der Raps riecht nicht besonders angenehm, das wird aber durch seinen wunderschönen Anblick wieder wettgemacht. Und auch wenn Raps in erster Linie eine Nutzpflanze ist, die zur Herstellung von Speiseöl oder als Rohstoff für Speisefette genutzt wird und zur Erzeugung von Bio-Kraftstoffen als wichtiger nachwachsender Rohstoff dient, so ist er, wenn er blüht, vor allem eins: schön anzusehen. Vielleicht ist ein Besuch im Rapsfeld genau der richtige Ort, um mal ein neues Foto von diesem herrlich leuchtenden Gelb für das Wohnzimmer zu schießen. Es erinnert uns daran, dass man das Schöne dann zelebrieren muss, wenn es uns begegnet, dass es Spaß macht, in der Natur zu sein, den Moment zu genießen und zu bewundern, wie vielfältig und vergänglich doch alles ist.

••

Rapsfeld in der Feldmark, 30559 Hannover-Anderten
ÖPNV: S-Bahn S5, Haltestelle Anderten-Misburg

Ein Hörspaziergang

48 *Sinneserfahrung im Hinüberschen Garten*

Ob man nun heiter ist, die Ruhe liebt oder seine Sorgen vergisst: „Es gibt fast keine Empfindung, die der Garten zu Marienwerder nicht erweckte", wird der junge Jobst Anton von Hinüber, der Erschaffer des Hinüberschen Gartens, zum Abschluss der Hörspaziergangs durch den Garten zitiert. Die Stadt Hannover hat mit diesem Hörspaziergang ein besonderes Erlebnis geschaffen: Durch sieben Audiodateien wird die Geschichte des Hinüberschen Gartens erlebbar, gespickt mit persönlichen Eindrücken von Jobst Anton Hinüber, der bereits im 18. Jahrhundert verstarb. Sein junges Ich bekommt im Hörspaziergang eine Stimme und lässt den Zuhörer nachempfinden, was ihn zum Bau des Hinüberschen Gartens inspiriert hat. „Es sollte ein Ort sein, der Gedanken anstößt und nicht nur ein reiner Lustgarten", so eine Aussage Hinübers. Der Garten in Marienwerder ist einer der frühesten Englischen Landschaftsgärten in Deutschland. Inspiriert von einer Reise durch England wollte der Jurist einen Garten schaffen, der die freie Natur zum Vorbild hat und nicht die künstliche Form eines Barockgartens. Bis heute ist der Hinübersche Garten ein beliebtes Ausflugsziel für Hannoveraner, um auf den vielen Wegen durch die Parkanlage zu spazieren. Zwischen Wald, Wasser, Wiesen und Parkanlagen ist heute noch immer die alte Magie des Englischen Gartens spürbar. Im Rahmen der EXPO wurde fleißig daran gearbeitet, die ursprüngliche Gestaltung des Gartens wieder stärker sichtbar zu machen. Und der Hörspaziergang ist eine wunderbare Möglichkeit, um noch mehr über den Garten zu erfahren und den Teich, das Kloster oder auch den Hexenturm in einem anderen Licht zu sehen. Der Hörspaziergang dauert rund 45 Minuten. Aber man sollte ein paar Minuten länger Zeit haben, um alles auf sich wirken zu lassen. Denn von Hinüber wollte mit der natürlichen Gestaltung auch einen Ort schaffen, an dem sich die Seele frei entfalten kann.

TIPP In nächster Nachbarschaft ist die denkmalgeschützte Gartenhofsiedlung einen weiteren Spaziergang wert.

▶ **Hinüberscher Garten, 30419 Hannover**
▶ **ÖPNV: U-Bahn 4, Haltestelle Wissenschaftspark Marienwerder**

Ein Garten für alle

 49 *Der Vahrenwalder Park als zweites Zuhause*

Der eigene Garten ist mehr als Rasenfläche und Blumenbeete. Hier wird an der frischen Luft gelebt. Denn er bietet die perfekte Möglichkeit im Grünen, um ungestört zu grillen, zu spielen oder die Sonne zu genießen. Nun ist in einer Großstadt aber nicht jeder mit einem eigenen Garten gesegnet. Der Vahrenwalder Park ist aber ein guter Ersatz für alle, die sich nach einem Garten sehnen. Die große, grüne Wiese bildet den Mittelpunkt des Parks und lädt zu allen möglichen Aktivitäten ein, die sonst im Garten stattfinden. Ein Fußballspiel mit Freunden, eine Runde Boule mit der Familie oder doch lieber Wikinger-Schach – kein Problem. Grillen, picknicken, ein Buch lesen, sich sonnen, eine Limonade schlürfen, ein Gesellschaftsspiel spielen – auch das ist möglich. Platz gibt es hier zur Genüge, denn der Park wurde auf einem ehemaligen Gewerbegrundstück angelegt. Und das Gute daran: Die oftmals lästigen Arbeiten zum Erhalt des Gartens, wie das Pflanzen und Gießen, übernimmt die Stadt. Sogar an einen ruhigeren Bereich, der als eine Art Terrasse angelegt wurde, ist gedacht. Außerdem wird der Park durch Mauern vom Straßenlärm abgeschirmt. Am Rande des Parks stehen einige Bänke unter großen Rankbögen, an denen Pflanzen emporwachsen. Es gibt einen Sportparcours, einen Spielplatz und schön angelegte Beete. Eigentlich, so kann man es wohl sagen, bleiben im Vahrenwalder Park fast keine Gartenwünsche offen. Hier kann jeder an der frischen Luft das machen, worauf er gerade Lust hat. Der Vahrenwalder Park ist ein Garten für alle Hannoveraner, die sonst keinen Garten hätten. Ein Ort, um das Haus oder die Wohnung mal zu verlassen. Und wenn am Abend die Sonne untergeht, der Himmel sich färbt und es langsam frischer wird, merkt man erst, wie schnell die Zeit vergangen ist. So ein Tag im Garten tut einfach gut.

TIPP Vor dem Sonnen im Park im Vahrenwalder Bad noch ein paar Bahnen schwimmen.

▶ Vahrenwalder Park, Dragonerstraße 34, 30163 Hannover
▶ ÖPNV: U-Bahn 1, 2, Haltestelle Dragonerstraße

Tradition und Weitblick

50 *Auf der Dornröschenbrücke über die Leine*

Die Dornröschenbrücke verbindet Linden-Nord mit Herrenhausen – einmal quer über die Leine. Tagtäglich wird sie von vielen Fahrradfahrern und Fußgängern passiert. Wer in Richtung des anderen Ufers will, der kann dabei eins nicht lassen: den Kopf zur Seite drehen und den Ausblick von der Dornröschenbrücke in Richtung Linden genießen. Und das ist gut so, denn so wie der Name der Brücke märchenhaft klingt, so ist es auch der Blick über ihr Geländer. Rechts und links der Leine wuchern die Bäume dicht an dicht, ragen schon über das Wasser hinaus. Sie geben dem Fluss einen grünen Rahmen. Eine Gruppe von Kanufahrern treibt langsam auf der Leine voran, ab und zu paddeln sie, bis sie unter der Brücke verschwunden sind und es weiter Richtung Limmer geht. Der Blick von der Dornröschenbrücke zeigt die drei Besonderheiten Lindens: die drei Warmen Brüder – die Türme des Heizkraftwerks –, die Ihme und die Bar Strandleben direkt an ihrem Ufer. Besonders im Abendlicht ist der Anblick mit den angestrahlten Türmen schön. Fast schon idyllisch, wäre da nicht der rege Verkehr auf der Brücke. Überhaupt ist die Brücke nicht für ihre Idylle bekannt: Im Jahr 2003 tobte hier erstmals die Gemüseschlacht zwischen den Bewohnern Lindens und der Nordstadt. Die Tradition stammt eigentlich aus Berlin, fasste auf der Dornröschenbrücke, aber auch in Hannover selbst Fuß. Und so fliegen im September faule Salatköpfe, Tomaten und Äpfel um die Wette. Dann ist das Überqueren der Brücke nicht ratsam. Doch an allen anderen Tagen im Jahr lädt die Brücke, die seit 1959 die beiden hannoverschen Stadtteile miteinander verbindet, zu einer der schönsten Leineüberquerungen Hannovers ein. Und das rege Treiben hält einige trotzdem nicht davon ab, sich mit einem kleinen Snack auf den Boden der Brücke zu setzen und den Ausblick zu genießen. Ihren märchenhaften Namen verdankt sie einem Biergarten etwas weiter flussabwärts. Wenn der Spaziergang über die Brücke mit einem Getränk oder Essen enden soll, ist der namentlich passende Biergarten eine gute Wahl.

Dornröschenbrücke, 30167 Hannover
ÖPNV: U-Bahn 4, 5, Haltestelle Leibniz-Universität

Im Einklang

51 Schutz und Spaß am Altwarmbüchener See

Der Altwarmbüchener See ist zwar künstlich angelegt, strahlt aber eine Natürlichkeit aus wie kaum ein anderer See in Hannover. Ein Großteil der Uferbereiche rund um den See sind sogenannte Schutzzonen: Das Betreten ist verboten und so können Pflanzen nach Belieben wachsen und Vögel ungestört brüten. Der See gilt als Erholungs-, Landschafts- und Naturschutzgebiet, weite Teile der Natur sind ursprünglich und unberührt, was den Charme des Sees ausmacht. Die Besucher des Sees wissen das zu schätzen. Es gibt schließlich auch fernab der geschützten Bereiche genug zu erleben. Man kann sagen, eigentlich hat der Altwarmbüchener See für jeden etwas zu bieten: zwei Sandstrände, eine Spiel- und Liegewiese, einen Bootsverleih, eine Segel-Yacht- und Surfschule, einen Wassersportverein, ein Kiosk, einen Biergarten. In der Saison, vom 15. Mai bis zum 15. September, wird das Angebot rege genutzt. Schon bevor der Altwarmbüchener See vor rund 29 Jahren offiziell eröffnet wurde, nahmen zahlreiche Seefreunde das neu angelegte Gewässer in Beschlag. Wer kann es ihnen verübeln, denn es ist wirklich wunderschön hier. Deshalb bietet es sich auch an, den 3,5 Kilometer langen Rundweg um den See herum entlangzuspazieren oder ihn für die wöchentliche Joggingrunde zu nutzen. Denn auf der anderen Uferseite – fernab der belebten Sandstrände – lässt sich die Naturbelassenheit des Sees so richtig erleben. Im Schatten der Bäume mit Blick auf das ruhige Wasser, die wuchernden Uferbereiche und die Vogelinsel, auf der die Tiere brüten, gibt es einiges zu entdecken. Spätestens dann wird klar, dass die Natur und die Nutzung durch den Menschen hier im Einklang sind. Denn die Besucher haben hier allerlei Möglichkeiten, den See auf ihre Art zu entdecken, gleichzeitig aber spielt das Gewässer eine wichtige Rolle für die heimischen Pflanzen und Tiere.

● Altwarmbüchener See, 30659 Hannover
● ÖPNV: U-Bahn 3, Haltestelle Ernst-Grote-Straße

Hier lässt es sich wohnen

52 *Platz nehmen im Stadtpark*

Es gehört fast zur Tradition im Stadtpark, dass man sich erst einmal auf die Suche nach einem der weißen Stühle begibt. Vielleicht steht er schon genau am richtigen Ort – mit Blick auf die blühenden Seerosen, auf die Stadthalle oder auf die Fontäne. Falls nicht, kein Problem. Einfach einen der Stühle schnappen und ihn kurzerhand genau dort hinstellen, wonach heute der Sinn steht. Mit den frei herumstehenden Stühlen und Liegen lädt der Stadtpark dazu ein, es sich auf der Wiese gemütlich zu machen. Ein modern wirkendes Konzept, das allerdings nicht mehr ganz so jung ist, wie es daherkommt: Schon in den 1950er- und 1960er-Jahren wurde die Idee, auf den städtischen Grünanlagen eine gartenmäßige Wohnlichkeit zu schaffen, in vielen deutschen Städten umgesetzt. Mit dem Ziel, dass jeder Besucher den Park auf diese Weise nutzen konnte. Bewegliche Stühle erlaubten es schon damals, sich im Stadtgarten fast häuslich niederzulassen wie auf einem eigenen Grundstück. Die über 60 Jahre alte Idee der beweglichen Stühle ist dem Stadtpark bis heute erhalten geblieben und mit ihr auch der gemütliche Charme des Gartens und der Zeit von einst. Der Stadtpark ist also die beste Anlaufstelle für alle,

TIPP Vielleicht auf eine Tasse Kaffee und ein Stück Kuchen im Rosencafé vorbeischauen?

die mit ihren Freunden oder der Familie entspannt etwas Zeit an der frischen Luft verbringen wollen, die nach Ruhe suchen. Ruhe in einem Park, der sich nicht nur durch seine botanische Vielfalt auszeichnet. Ein Weg führt durch die verschiedenen Teile des Gartens: Der Wassergarten wurde zur Bundesgartenschau im Jahr 1951 angelegt und ist bis heute originalgetreu erhalten. Oder man flaniert durch den Großen Staudengarten oder den Rosengarten, in dem 120 verschiedene Sorten wachsen. Bereits im Frühling blüht es an allen Ecken und Enden. Im Sommer werden im Park regelmäßig Feste gefeiert und Veranstaltungen wie die Pflanzentage organisiert. Und wenn man dann das Glück hat, einen der begehrten Stühle zu erhaschen, fühlt es sich fast wie eine riesige Party im eigenen Garten an.

○ Stadtpark, Clausewitzstraße, 30175 Hannover
○ ÖPNV: U-Bahn 4, 5, 11, Haltestelle Clausewitzstraße

Naschen erwünscht

53 *Der Essbare Rastplatz am Kronsberg*

Zahlreiche Obstbäume und -sträucher von denen man einfach naschen kann: Äpfel, Birnen, Kirschen. Man findet Tische und Bänke im Grünen – was braucht man mehr für eine gelungene Pause? Am südlichen Aussichtshügel des Kronsbergs befindet sich das kleine Paradies und wird viel von Radfahrern genutzt, die eine Pause einlegen wollen. Das liegt vor allem daran, dass der Grüne Ring – eine 80 Kilometer lange Fahrradtour rund um Hannover – am Kronsberg mit einer weiteren Route der Fahrradregion zusammentrifft. Es gibt also genug Radfahrer, die eine Pause einlegen, um mal ein wenig durchzuatmen – und am Essbaren Rastplatz wird die richtig schön: Hier lässt sich ein kleines Picknick am Tisch zubereiten und sogar noch mit frischen Kräutern aus dem kleinen Kräutergarten garnieren. Für schlechtes Wetter gibt es ein Dach über dem Kopf. Aber das Beste: Das Naschen ist ausdrücklich erwünscht. Umliegende Sträucher und Bäume mit Nüssen, aber auch Gemüsepflanzen und Obst auf der Streuobstwiese laden zum gesunden Snack zwischendurch ein. Je nach Jahreszeit ändert sich das Angebot.

Der Rastplatz ist aber nicht nur für Radfahrer gedacht. Auch Wanderer, Spaziergänger oder Neugierige können hier Zeit verbringen. Einfach eine der Sitzgelegenheiten beschlagnahmen und das gerade geerntete Picknick genießen. Das Obst von den Obstwiesen schmeckt aber nicht nur gut, sondern es kann sich auch sehen lassen. Und zwischen all den natürlichen Leckereien findet man wunderbar Ruhe. Ein guter Ort also, um eine Pause einzulegen – vom Radfahren, Spazieren, aber auch vom Alltag. Vielleicht genau die richtige Zeit, um ein wenig in einer der Hängematten zu schaukeln und die Augen für ein kleines Nickerchen zu schließen. Oder aber die Pause mit einem guten Buch abzurunden. Pausen sind wichtig, denn – um die englische Dichterin Elizabeth Barrett Browning zu zitieren – „nichts bringt uns auf unserem Weg besser voran als eine Pause".

··

Essbarer Rastplatz am Kronsberg, 35411 Hannover
ÖPNV: U-Bahn 6, Haltestelle Messe/Ost (EXPO-Plaza)

Die vier Jahreszeiten

54 *Immer ein Erlebnis: der Seelhorster Wald*

Zwischen den hochgewachsenen alten Bäumen leuchtet der Waldboden weiß. Umrahmt vom Laub des vergangenen Herbstes blühen hier die Buschwindröschen. Die einzelnen Blüten sind zwar nicht sehr groß, doch ein Buschwindröschen steht selten allein. Daher ist ihre Wirkung umso größer: ein grün-weißer Blütenteppich ziert viele Stellen des Waldbodens. Die Buschwindröschen zählen zu den Frühblühern und verschaffen dem Wald einen ersten Hauch Frühling. Zu dieser Zeit sind die Bäume im Seelhorster Wald noch winterlich kahl, die Luft ist kalt, aber sehr erfrischend. Der Wald wirkt in der kalten Jahreszeit fast verschlafen, wenn die Vögel nur ab und zu zwitschern, kaum Spaziergänger unterwegs sind und die meisten Blüten und Blätter noch auf sich warten lassen. Ein paar Sonnenstrahlen scheinen durch die lichten Baumkronen. Doch der Frühling beginnt, die Temperaturen steigen und langsam verändert sich das Waldbild. Blätter wachsen, Pflanzen blühen, Vögel zwitschern und auch immer mehr Spaziergänger wagen sich wieder hinaus, bis sich alles wieder in üppigem Grün und sommerlichem Trubel befindet. Und dann kommt der Herbst und der Wald wird bestimmt von satten Farbtönen: leuchtendes Orange, feuriges Rot, dunkles Schokoladenbraun. Ein Farbenspiel für die Seele. So lange, bis es langsam wieder kälter wird, die Bäume ihre Blätter verlieren und das Laub auf dem Boden beim Hindurchgehen raschelt. Bevor die Tage kürzer werden und der Winter Einzug hält mit seinem grauen Nebel, manchmal mit seinem weißen Schnee und den graugrün gewordenen alten Baumstämmen. Jede Jahreszeit hat einen besonderen Zauber, eigene Farben und Stimmungen, denen man nicht nur im Seelhorster Wald auf die Spur kommt. Und doch lädt der Wald besonders dazu ein, über das Jahr hinweg den Wandel von Frühling bis Winter in all seinen Facetten zu erleben. Und immer wieder wird man dabei überrascht, von neuen Farbtönen, der Vielzahl von Pflanzen und kleinen Blüten, die sich durch die Erde kämpfen – und davon, wie unterschiedlich der Wald im Licht der Jahreszeiten scheint.

◐ Seelhorster Wald, 30559 Hannover
◐ ÖPNV: U-Bahn 6, Haltestelle Seelhorster Allee

Laue Sommernächte

55 *Im Biergarten am Lister Turm*

Laue Sommernächte in Hannover – wenn die Sonne spät untergeht, die Temperaturen angenehm sind und man die Lust verspürt, bis spät abends draußen zu sein. Diese Nächte klingen nach dem Klirren, das Biergläser beim Anstoßen machen. Sie klingen nach Gesprächen, die nicht enden wollen. Sie riechen nach Gegrilltem, nach blühenden Blumen, nach Weinschorle und fruchtiger Limonade. Sie schmecken nach Sommer, nach Glück, nach Leichtigkeit. Für Nächte wie diese braucht es den richtigen Ort, um das Gefühl zu komplettieren. Es braucht einen Hinterhof mit Holzstühlen, ein grünes Blätterdach und gute Freunde. Es braucht Lichterketten, die bis spät in die Nacht brennen. Sie bringen das grüne Blätterdach zum Leuchten, wenn die Sonne schon lange untergegangen ist, der Abend aber noch nicht enden soll. Laue Sommernächte in Hannover sind einfach dazu gedacht, um sie im Biergarten am Lister Turm zu verbringen. Im Herzen Hannovers – dort, wo Oststadt, List und das Zoo-Viertel aufeinandertreffen, am Rande der grünen Eilenriede. Mitten in der Stadt und doch im Grünen. Ein Geheimtipp, seinen Feierabend oder die Abende am Wochenende hier zu verbringen, ist der Biergarten nicht. Hier kommen viele Hannoveraner her – die Managerin nach ihrem anstrengenden Tag, der Vater mit seinen zwei Kindern, eine Gruppe von Freundinnen, die sich lange nicht gesehen hat. Und obwohl hier bei gutem Wetter viel los sein kann, verliert der Biergarten dadurch nicht seine Gemütlichkeit. Ob auf ein Bierchen nach der Radtour durch die Eilenriede oder wenn der Hunger nach griechischem Essen schreit – ein Halt im Biergarten Lister Turm ist immer eine gute Idee. Laue Sommernächte in Hannover bekommen hier ihren Feinschliff, um zu unvergesslichen Erinnerungen zu werden, mit denen man sich den kalten Winter über wieder auf den Sommer freuen kann.

Biergarten Lister Turm, Walderseestraße 100, 30177 Hannover, Tel. (05 11) 86 67 10 00
www.lister-turm-biergarten-hannover.de
ÖPNV: U-Bahn 3, 7 oder 9, Haltestelle Lister Platz

Für Jung und Alt

56 *Generationentreff Stadtpark Garbsen*

Was die Älteren als schön empfinden, finden Jugendliche niemals cool? Von wegen! Der Stadtpark in Garbsen beweist das Gegenteil. Hier gibt es für jeden Besucher, unabhängig von seinem Alter, etwas zu entdecken. Über dem Schwarzen See ziehen die Wolken am Himmel vorbei. Es ist sonnig, der Himmel ist blau, die Bäume rund um den See leuchten grün. Ein Schwanenpärchen schwimmt durch das ruhige Wasser. Das Schnattern einiger Enten ist im Hintergrund zu hören. Der Schwarze See, eine ehemalige Tongrube, ist ohne Frage der Höhepunkt des Stadtparks. Seinem Namen macht er mit seiner schönen blauen Wasserfarbe allerdings keine Ehre. Der 17 Meter tiefe See wird von Tauchern und Anglern eifrig genutzt. Ebenso wie von Spaziergängern, die eine schöne Bank mit Aussicht auf den See gefunden haben. Hier lässt sich wunderbar die frische Luft der Natur einatmen, den Geräuschen der Wildvögel lauschen und dabei die Zeit vergessen. Doch rund um das Seeufer gibt es noch viel mehr zu erleben: Mit dem ehemaligen Ringofen ist ein Überbleibsel aus vergangener Industriezeit zu einem wichtigen Biotop geworden, denn er wird von Fledermäusen als Quartier genutzt. Und das Naturerlebnis im Stadtpark geht noch weiter: Besucher können auf dem Baumlehrpfad mehr über die gepflanzten Baumarten lernen, gelb blühende Wildtulpen entdecken oder durch den alten Obstgarten spazieren. Soll es etwas aktiver sein? Kein Problem, denn der Stadtpark bietet mit seiner Wassertretanlage, dem Nordic-Walking-Parcours, einem Kletterfelsen und aufgestellten Fitnessgeräten genug Möglichkeiten, sich zu bewegen. Vielleicht soll es heute mal die faule Variante sein? Vielleicht in der nächsten Woche die aktive? Ein Besuch im Stadtpark lässt sich prima nach den eigenen Wünschen gestalten. So wird er jedes Mal zu einem neuen Erlebnis. Und das Wichtigste dabei: Das Alter spielt gar keine Rolle, ob jung oder alt, faul oder aktiv – im großen Stadtpark kann jeder genau das tun, was gerade zum Gemüt passt.

• •

🔵 Stadtpark Garbsen, Kastendamm, 30823 Garbsen
🔵 ÖPNV: Bus 421, 430, 480, Haltestelle Garbsen-Mitte, Kastendamm, U-Bahn 4, Haltestelle Garbsen, 2 Kilometer Fußweg

Safari zu Fuß

57 Im Wisentgehege von Springe

Von Korsika nach Nordasien, über Skandinavien nach Amerika, durch Europa bis zur Arktis – auf einer Strecke von 6 Kilometern. Das geht auf dem Rundwanderweg durch das Wisentgehege in Springe. Hier gibt es entlang der Strecke rund 100 Wildarten aus aller Welt zu entdecken, darunter bekannte Tiere wie den Braunbären, Fischotter, Luchs, das Wildpferd oder den Steinadler. Ein Besuch im Wisentgehege fühlt sich an wie eine Reise in die wilde Natur, wie eine Safari zu Fuß. Die Tiere leben hier in ihrem natürlichen Lebensraum und das macht das Erlebnis so real. Und trotzdem kommt man den wilden Tieren sehr nah und kann sie ausgiebig beobachten. Das Wisentgehege gibt es schon seit über 90 Jahren. Eigentlich wurde es gegründet, um Europas größtes Säugetier, den Wisent, vor dem Aussterben zu retten. Das hat geklappt: In Springe konnte Wisentnachwuchs geboren und damit zur Erhaltung der Art beigetragen werden. Die Wisente gibt es heute noch immer zu sehen – die mächtigen ausgewachsenen Tiere ebenso wie den niedlichen Nachwuchs. Trotzdem ist es schön, dass das Wisentgehege heute noch so viel mehr Arten ein Zuhause bietet und damit die Möglichkeit, die Tiere in ihrem natürlichen Lebensraum zu beobachten. Tiere, die man sonst nie oder nur sehr selten sieht: geheimnisvolle Wölfe, niedliche Waschbären und große Elche. Beschilderungen, Fütterungen und Flugvorführungen geben die Möglichkeit, sich das Leben der Tierarten in freier Wildbahn besser auszumalen. Bei dem Besuch drängt sich unweigerlich der Gedanke auf, wie schön es doch ist, dass es in der Natur so viele verschiedene Arten gibt. Umso wichtiger ist es, zu ihrer Erhaltung beizutragen. Wem der Rundgang als Besucher durch das Wisentgehege nicht reicht, wer es sich also etwas abenteuerlicher wünscht, der kann sich auch als Tierpfleger versuchen. In Springe gibt es die Möglichkeit, einen ganzen Tag lang in die Rolle des Tierpflegers zu schlüpfen oder bei nur einer Tierart bei der Fütterung zu helfen.

••

Wisentgehege Springe, Wisentgehege 2, 31832 Springe
www.wisentgehege-springe.de
ÖPNV: Bus 382, Haltestelle Wisentgehege

So badet Hannover

 58 *Die drei Ricklinger Kiesteiche*

Die Sonne knallt auf die Dächer Hannovers. Es ist ein heißer Sommertag. Jede Bewegung fühlt sich zu viel an, der Schweiß rinnt über die Stirn. Der Asphalt glüht unter der Hitze der Sonne. Sommer in Großstädten können anstrengend und ätzend sein. Nicht aber in Hannover, denn es gibt viele Möglichkeiten, um sich an einem der vielen Badeseen abzukühlen. Nach dem Motto „Aller guten Dinge sind drei" bieten die Ricklinger Kiesteiche gleich drei Auswahlmöglichkeiten, um gegen die Hitze anzukämpfen: den Großen Teich, den Siebenmeterteich und den Dreiecksteich – allesamt unterschiedlich. Der Große Teich ist, wie der Name schon sagt, das größte der drei Gewässer. Der Weg ins Wasser ist hier über das kostenpflichtige Ricklinger Bad, denn außerhalb gibt es nur wenig Liegemöglichkeiten. Fröhlich laut geht es am Dreiecksteich zu: Auf der großen Liegewiese um den Teich trifft sich das jüngere Publikum – zum Grillen, Entspannen, Musikhören oder zum Frisbeespielen.
Der Siebenmeterteich ist für die Badegäste und Sonnenanbeter vorgesehen, die es textilfrei mögen. Hier geht es nicht nur nackt, sondern auch ruhig zu. So findet jeder Hannoveraner bei den Kiesteichen etwas, was ihm gefällt. Es gibt genug Möglichkeiten zum Planschen, Faulenzen, Sonnen, aktiv sein – und das auch noch in wunderschöner Natur. Die Wiesen sind saftig grün, die gepflanzten Bäume spenden wohltuenden Schatten, die leicht trübe Farbe des Wassers komplettiert das Bild vom Gefühl, mitten in der Natur zu sein. Genau deshalb sind die Ricklinger Kiesteiche bei Hannoveranern aus der Stadt sowie aus der Region bekannt und beliebt. Wer hier zum Baden herkommt, der muss damit rechnen, dass viele andere Menschen die gleiche Idee hatten. Einzig im Winter zeichnet sich ein anderes Bild: Dann ist es um die Teiche still und der Weg drumherum lädt zu einem gemütlichen Spaziergang in fast einsamer Natur ein.

Ricklinger Kiesteiche, 30459 Hannover
ÖPNV: U-Bahn 1, 2, 8, Haltestelle Döhrener Turm

Alte Eichen, kleine Pfade

59 *Unterwegs im Misburger Wald*

Als Idyll wird ein friedlicher und malerischer Ort bezeichnet. Ein Ort in der Natur, der Ruhe ausstrahlt und zum Verweilen einlädt. In Großstädten wie Hannover bleiben solche Idyllen natürlich selten unentdeckt, die schönen Orte sprechen sich meist schnell herum. Trotzdem macht der Misburger Wald dem Begriff eines Idylls weiterhin alle Ehre, denn hier ist es nicht überlaufen. Damit ist der Wald der perfekte Ort, um ein wenig Aktivität mit der nötigen Ruhe zu kombinieren. Zwischen dicht gewachsenen Bäumen läuft man hier auf großen Wegen oder kleinen Pfaden auf weichem Waldboden. Und immer wieder gibt es etwas zu sehen: eine helle Lichtung, ein wunderschön blühendes Sonnenblumenfeld, einen kleinen Bach. Ein schöner Wald für eine Joggingrunde am Wochenende, um sich an der frischen Luft zu bewegen. Für die Gassirunde mit dem Hund oder einem gemütlichen Spaziergang durch den Wald. Umrahmt von den Geräuschen der Natur, dem Knacken der Äste unter den eigenen Füßen, dem Rascheln der Blätter bei einem Windzug, dem Fließen des Wassers. Ein kleiner Höhepunkt im Misburger Wald ist eine 220 Jahre alte Eiche, die zum Naturdenkmal erklärt wurde. Sie ist 38 Meter hoch und ihre Baumkrone kommt auf einen Durchmesser von 20 Metern. Diese Eiche hat sich ihren Titel wirklich verdient. Es lohnt sich, hier mal innezuhalten und den Kopf in den Nacken zu legen, um der alten Eiche ein wenig Aufmerksamkeit zu schenken. Weiter geht es dann in Richtung Blauer See, ein wunderbares Ziel für Jogger, Radfahrer oder Gassigeher, die im Misburger Wald unterwegs sind. Und auch hier kommt einem sofort wieder ein Begriff in den Kopf: idyllisch. Der See ist durch Kiesabbau entstanden, kommt heute aber sehr natürlich daher. Am Naturfreundehaus kann man sich mit Blick auf den See niederlassen und eine kleine Pause einlegen. Ganz wie es an einem idyllischen Ort eben sein sollte.

TIPP Wer eine längere Wanderung unternimmt, kann im Naturhaus unterkommen. Es ist ganzjährig geöffnet.

▶ **Misburger Wald, 30629 Hannover**
▶ **ÖPNV: U-Bahn 7, Haltestelle Schierholzstraße**

Das Tor zum Stadtwald

 60 *Konzert-Café und Platz Neues Haus*

Prunkvoll stehen sie da, die Arkaden auf dem Platz Neues Haus in Hannover. Drei Torbögen auf der linken, drei Bögen auf der rechten Seite. In der Mitte ein Torbogen mit Vorbau und sogar einem Dach. Die Arkaden laden einfach dazu ein, durch sie hindurchzulaufen, um sich dann sofort mitten im Grünen wiederzufinden, denn sie bilden das Tor zum Stadtwald Eilenriede. Die Arkaden sind in die Jahre gekommen, ihre Substanz bröckelt und auch die Kriegsspuren sind noch zu sehen. Doch damit wird auch ihre Geschichte erzählt: Im Jahr 1894 wurde am heutigen Standort der Musikhochschule ein Konzert-Café mit großem Konzertgarten gebaut. Das „Neue Haus" galt lange als Hannovers schönste Waldwirtschaft. Nach Bombenschäden im Krieg und der Weiterführung als Restaurant, verlor das Neue Haus nach und nach an Bedeutung und musste 1973 der Musikhochschule weichen. Doch obwohl es das beliebte und traditionsreiche Konzerthaus heute nicht mehr gibt, ist neben den Arkaden eins erhalten geblieben: Hier finden zahlreiche Konzerte dank der Hochschule für Musik am Eingang zur Natur statt. Und noch mehr als das: Heute herrscht wieder ein reges Treiben auf dem Platz, wie es früher auch der Fall gewesen sein muss. Studenten machen eine Pause zwischen den Vorlesungen, Radfahrer legen einen kurzen Stopp ein, neugierige Touristen fotografieren die historischen Arkaden. Schöner könnte die Verbindung zwischen Stadt und Natur eigentlich kaum sein, als auf diesem Platz in Hannover. Auf Sitzmauern oder Bänken kann man es sich gemütlich machen, die angelegten Beete und die Bepflanzung ergeben ein schönes Bild. Wer auf die Arkaden zuläuft, der sieht im Hintergrund schon die grünen und großen Bäume der Eilenriede. Und wer dann durch sie hindurchläuft, der fragt sich vielleicht für einen kurzen Moment, wie es wohl im 19. Jahrhundert gewesen ist, als hier im Konzertgarten noch Musik gespielt wurde.

TIPP Mit Kopfhörer und passender Musik durch die Arkaden gehen und ein wenig Konzertgarten nachempfinden.

Neues Haus, 30161 Hannover
ÖPNV: Bus 121, Haltestelle Neues Haus

Neues Haus

Bereits von 1871 bis 1933 bestehender Platzname,
nach dem ehemaligen Ausflugsziel, an dessen
Stelle heute die Musikhochschule (HMTMH) steht.

Pflücken und genießen

61 *Essbare Wildpflanzen am Kronsberg*

Eine eiskalte Holunderblütenlimonade als Erfrischung an sommerlichen Tagen? Lecker. Und am besten schmeckt sie nicht nur selbst gemacht, sondern auch noch selbst gepflückt. Geerntet werden kann am Rande des Kronsbergs auf den Streuobstwiesen, den Allmendeflächen, wo sich jeder etwas pflücken kann, und im Parc Agricole, in den Bereichen, die ohne Pflanzenschutz- und Düngemitteleinsatz bewirtschaftet werden. Hier darf jeder pflücken, was ihm unter die Nase kommt – darunter auch einige essbare Wildpflanzen. Löwenzahn als Überraschung im Salat oder in Butter gedünstet. Rotklee als Suppeneinlage oder für Blütenbutter. Wildrosen als essbare Dekoration für Torten oder für Gelee. Schlehen für Kompott oder Glühwein. Lindenblüten für Limonade, Lindenblätter für den Salat. Schwarzer Holunder für Sekt oder Marmelade. Es gibt nicht nur eine Reihe verschiedener Wildpflanzen zu pflücken, sondern auch unzählige Möglichkeiten, sich daraus etwas zu zaubern. Wildpflanzen gelten als hochwertige Speisepflanzen, weil sie viele Vitamine, Mineralstoffe und den Stoffwechsel anregende Inhaltsstoffe haben. Das Beste

TIPP *Nur die Menge an Kräutern pflücken, die auch wirklich benötigt wird, hier hat man es in der Hand.*

aber ist, dass sie herkömmlichen Gerichten eine besondere, exquisite Note verleihen. So wird der Lieblingssalat noch mal aufgepeppt, die Limonade plötzlich selbst gemacht und eine neue Marmeladenart kommt auf den Tisch. Das Sammeln und Ernten macht auch großen Spaß, weil man sich auf die Suche nach den Kräutern begibt, die man braucht, und dabei ihre unterschiedlichen Düfte erschnuppert. Beim Pflücken ist es wichtig, nur die Pflanzen zu pflücken, die man sicher erkennen kann. Einen genauen Plan, wo welche Kräuter und Wildblumen gepflückt werden können, gibt es auf der Internetseite der Stadt mit dem Übersichtsplan „Essbare Wildpflanzen am Kronsberg". Die Kräuter und Beeren sollten vor ihrer Verwendung gut gewaschen oder sogar abgekocht werden. Nach dem Pflücken wird zubereitet – zum Beispiel Apfelmus mit Holunder oder ein Rührei mit Löwenzahn. Dann heißt es: Guten Appetit!

● Wildpflanzen am Kronsberg, Gimseweg, 30539 Hannover
● ÖPNV: U-Bahn 6, Haltestelle Feldbuschwende

Märchen im Wald

62 Die Deister Freilichtbühne in Barsinghausen

Märchen spielen häufig mitten im Wald: Schneewittchen findet im Wald das Haus der sieben Zwerge, Hänsel und Gretel verlaufen sich im Wald und Rotkäppchen kommt im Wald vom rechten Weg ab und trifft auf den Wolf. Der Wald und fantastische Geschichten gehören eben einfach zusammen. Da überrascht es nicht, dass es im Höhenzug Deister eine Freilichtbühne an genau so einem Ort gibt: nämlich mitten im Wald. Umrahmt vom Grün des Deisters und fernab der Stadt wurde hier vom Verein der Deister Freilichtbühne Barsinghausen ein märchenhafter Ort geschaffen. Mitten im Grünen fällt es einem wahnsinnig leicht, sich auf die fantastischen Geschichten einzulassen, die hier von den Laienschauspielern des Vereins auf die Open-Air-Bühne gebracht werden. Die Schöne und das Biest, Aladin und die Wunderlampe, Ein Sommernachtstraum, Des Kaisers neue Kleider – jeden Sommer von Mai bis September finden hier Aufführungen für Kinder und Erwachsene unter freiem Himmel statt. Seit der Eröffnung im Jahr 1931 haben schon über eine Million Menschen die Freilichtbühne besucht, das sind jährlich fast 12.000 Besucher. Insgesamt gibt es 744 Plätze für die Zuschauer einer Aufführung, und nicht selten ist kaum noch ein Platz zu finden. Die Freilichtbühne mitten im Grünen ist als Ort der Kultur und der Natur in der Region Hannover kein weiteres Mal zu finden, jeder Besuch ist ein schönes Erlebnis. Statt also im Sommer in der stickigen Theaterluft zu sitzen, kann man hier die frische Luft in der Natur atmen. Und zum Geschehen auf der Bühne, zu den Texten der Schauspieler kommen Hintergrundgeräusche aus dem Wald – von Vögeln, die zwitschern, von Ästen, die knacken. Besonders charmant ist aber, dass sich jedes Bühnenbild in die Natur fügt, dass die Bäume im Hintergrund den Rahmen bilden. Die Freilichtbühne ist der Beweis, dass der Wald nicht nur im Märchen ein Ort ist, an dem fantastische Geschichten passieren – sondern auch im Deister in der Region Hannover.

TIPP Karten für die Veranstaltungen der Freilichtbühne gibt es in vielen Vorverkaufsstellen in der Stadt.

○ Deister Freilichtbühne, Ludwig-Jahn-Straße 13, 30890 Barsinghausen
www.deister-freilicht-buehne.de
○ ÖPNV: S-Bahn S1, Haltestelle Barsinghausen, etwa 20 Minuten Fußweg

Mit allen Sinnen

63 Ausflug ins Otternhagener Moor

Erst ist es etwas kalt an den Füßen, dann fühlt es sich nass an. Man sinkt ein Stück in den nassen Torf ein. Fühlt sich fast an wie eine Wanderung durch das Wattenmeer. Nur, dass die eigenen Füße in diesem Fall im Otternhagener Moor in der Region Hannover stehen. Mit seinen 8,5 Quadratkilometern ist das Moor größer als 1000 Fußballfelder zusammen. Und damit gibt es in der Region Hannover ein Naturerlebnis der besonderen Art. Das Moor ist nicht nur ein wichtiger Lebensraum für viele Pflanzen und Tiere, sondern auch ein Ort der Ruhe und Entspannung für viele Menschen, die genau danach suchen. Ungestört kann man sich die Vielfalt der Natur hier ansehen. Auf dem Moor-Erlebnispfad in Resse gibt es nicht nur die Möglichkeit, die Füße in den nassen Torf zu halten, sondern man erfährt auch mehr über das Moor, zum Beispiel wie dort früher Torf gestochen wurde.

Auf dem Pfad werden alle Sinne beansprucht: Wenn die Füße durch das Moor waten, der Blick über die weite Landschaft schweift oder der Geruch des Moores in die Nase steigt. Der Rundweg durch das Moor ist eine wunderbare Möglichkeit, um den Landschaftsraum bei einem Spaziergang näher kennenzulernen. Am Libellenteich kann man nicht nur Libellen, sondern auch Moorfrösche beobachten, die sich während der Laichzeit im März und April blau einfärben. Etwas Glück muss man dafür aber haben. Und, ganz wichtig: Unbedingt eine Pause bei den zwei Landschaftsliegen einlegen. Denn hier lauscht man den Geräuschen des Moores mal ganz in Ruhe und kann sie auf sich wirken lassen. Dazu auf die Liegen legen, tief durchatmen und die Augen schließen. Sobald alle anderen Sinne heruntergefahren sind, werden die leisen Hintergrundgeräusche des Moores plötzlich laut. Und für die Extraportion Moor: In der nahen Umgebung liegen noch drei weitere Moore, die es zu entdecken gilt.

● Otternhagener Moor, 30900 Wedemark
● ÖPNV: Bus 698, Haltestelle Resse Osterbergstraße, rund 15 Minuten Fußweg

Bei jedem Wetter

64 *Der Wietzepark, ein Allroundtalent*

Wer im Wietzepark einen schönen Tag verbringen möchte, der hat die Qual der Wahl – zwischen drei Seen, unzähligen großen Wiesen, Stränden, Feldern, den Flussufern der Wietze. Der Park ist an vielen Stellen wunderbar naturbelassen. Die Ufer der Seen sind zu einem Großteil dicht mit Pflanzen bewachsen. Ab und zu öffnet sich ein Blick durch das Gestrüpp auf die Wasseroberfläche. Am Hufeisensee gibt es gleich zwei Badebuchten, an denen ein Sandstrand geschaffen wurde. An warmen Sommertagen herrscht hier geselliger Trubel, denn das Baden im See ist beliebt. Aber der Park bietet noch mehr: viel Natur für einen Spaziergang, Wiesen um Yoga zu machen, Volleyballfelder, Rad- und Wanderwege. Hier gibt es bei jedem Wetter und zu jeder Jahreszeit etwas, das man tun kann. Wenn der Alltag gerade stressig ist und der nächste Urlaub noch nicht in Sicht, ist ein Besuch im Wietzepark die perfekte Möglichkeit, um mal abzuschalten und den Stress hinter sich zu lassen. Jeder hat ja so seine eigene Art, um das zu tun. Aber trotzdem, für alle hat der Wietzepark eine Möglichkeit, Entspannung zu finden. Ein kühles Getränk im Biergarten, um die Wette klettern im Hochseilgarten oder doch lieber eine Runde Fußball spielen? Im Wietzepark macht draußen zu sein einfach Spaß – auch an kalten oder regnerischen Tagen. Wenn der Hufeisensee ganz ruhig daliegt und der Wietzepark verlassen ist. Das sind die perfekten Tagen, um die Natur mal ganz ungestört zu genießen. Vielleicht soll es nur ein kurzer Spaziergang sein – am Ufer der Wietze entlang. Die Regentropfen prasseln auf das Gesicht, die kalte Luft brennt vielleicht sanft auf der Haut. Es sind diese Momente, in denen sich die Natur so pur anfühlt und ihre Erfrischung guttut. Gleichzeitig freut man sich darauf, im Anschluss wieder nach Hause zu kommen. Leicht durchgefroren, vielleicht etwas nass vom Regen, aber glücklich. Und glücklich bei kaltem oder Regenwetter – das kann schließlich nicht jeder.

●●

⊙ **Wietzepark, Landwehrdamm, 30916 Isernhagen**
⊙ **ÖPNV: Bus 122, Haltestelle Langenhagen (Han) Im Gehäge**

Zu fernen Tierwelten

65 *Ein Tag im Zoo Hannover*

Das kleine Boot legt ab. Fast lautlos schippert es los, nur das Plätschern des dunkelbraunen Wassers ist zu hören. Die Reise geht in die afrikanische Tierwelt. Vom Wasser aus gibt es Zebras, Antilopen, Flamingos, Flusspferde, Giraffen und Nashörner zu sehen. Die Fahrt auf dem Sambesi fühlt sich tatsächlich fast wie ein Ausflug in die weite Natur Afrikas an – ohne dass man dafür um die halbe Welt reisen muss. Stattdessen nur bis in das Zoo-Viertel, genauer gesagt in den Zoo Hannover mit seinen über 2000 Tieren. Die Sambesi-Bootstour darf bei einem Besuch einfach nicht fehlen, weil sie sich überhaupt nicht nach einem Zoobesuch anfühlt – sondern nach einer kleinen Reise durch Afrika. Ein Gefühl, das sich auch beim Besuch der vielen anderen Tiere nicht ändert, denn die Gehege wurden dem natürlichen Lebensraum so gut wie möglich angepasst. Als erster Zoo bundesweit hat sich der Zoo Hannover vor über 20 Jahren von der herkömmlichen Käfig- und Gehegehaltung verabschiedet. An deren Stelle kamen aufwendig gestaltete Themenwelten wie das kanadische Yukon Bay oder Afi Mountain, das Paradies für Menschenaffen. Und so geht es innerhalb weniger Stunden einmal um die Welt – von den Elefanten in Indien zu den Eisbären nach Kanada, aus dem Outback Australiens zur niedersächsischen Landidylle auf dem Meyers Hof. Der Zoo in Hannover ist weit über die Stadtgrenzen hinaus bekannt. Pinguine beim Tauchen unter Wasser beobachten, hungrigen Eisbären bei ihrer Fütterung zusehen oder den Anblick der Erdmännchen genießen, die neugierig ihren Kopf recken – die Reise in die Tierwelt ist durch und durch ein Erlebnis. Im Sommer wie im Winter, denn in der kalten Jahreszeit gibt es noch einen Höhepunkt der winterlichen Art: die Winterwunderwelt mit Eislaufbahn. Ein Tag im Zoo ist ein Tag an der frischen Luft; ein Tag voller Tierbegegnungen; ein Tag, der in Erinnerung bleibt.

TIPP Saisonales und regionales Essen inmitten einer malerischen Bauernidylle gibt es im Hoflokal.

◉ **Zoo Hannover, Adenauerallee 1, 30175 Hannover**
◉ **ÖPNV: U-Bahn 11, Haltestelle Zoo**

Der Liebe wegen

66 *Schloss Marienburg für die Königin*

Umringt von einem dichten Wald thront das Schloss Marienburg auf der Spitze des Marienbergs. Man hat von hier eine wunderschöne Aussicht auf die Leine und die umliegenden Wiesen und Felder. Und das Verb thronen ist in diesem Zusammenhang ganz und gar nicht übertrieben: denn das Schloss ist ein wahres Märchenschloss, mit seinen vielen kleinen Türmchen mit schwarzen Dächern, seinem pompösen Hauptturm, der zwischen den Schlossmauern in die Höhe ragt, den vielen alten Fenstern, die durch ihre Verzierungen und Formen einen besonderen Charme haben. Erbaut wurde es der Liebe wegen: Im Jahr 1857 schenkte König Georg V. seiner Frau, Königin Marie, den nach ihr benannten Marienberg und ließ in den folgenden zehn Jahren für sie ein – ebenfalls nach ihr benanntes – Schloss errichten. Es war ursprünglich als Sommersitz des Paares gedacht, doch noch vor Fertigstellung des Schlosses musste König Georg V. ins Exil nach Österreich fliehen, seine Frau folgte ihm nach nur einem Jahr und das Paar kam nicht mehr nach Hannover zurück. Königin Marie selbst hatte also nichts von ihrem eigenen Schloss, dafür ist es heute ein beliebtes Ausflugsziel. Ideal für einen Sonntagsspaziergang ist der Weg vom Bahnhof Nordstemmen. Auf einer Strecke von etwas mehr als 3 Kilometern geht es bis rauf zur Marienburg. Auf diesem Weg kommt man schon in der Ferne dazu, die Marienburg zu bewundern. Man erblickt die robusten Steinmauern und kleinen Türme der Burg, die aus dem Wald hervorragen. Besonders malerisch ist der Anblick im Herbst, wenn sich das Laub orangerot färbt und die Sonne durch die Baumkronen hindurchscheint und damit alles in ein einzigartiges Herbstlicht taucht. Oben angekommen, sollte man auch den Hauptturm mit seinen 40 Metern Höhe noch erklimmen, denn der Rundblick auf das gesamte Umland ist unvergleichlich. Der Höhepunkt ist jedoch definitiv der Spaziergang zur Burg hoch, ganz nach der Devise: Der Weg ist das Ziel. Denn die besondere Magie kann das Märchenschloss am besten beim Blick aus der Ferne entfalten – umringt vom Märchenwald, thronend auf einem Berg.

TIPP Für eine Prise Burgambiente für die Familienfeier kann man einen Salon oder Rittersaal mieten.

> ● **Schloss Marienburg, Marienberg 1, 30982 Pattensen, Tel. (0 50 69) 34 80 00**
> **www.schloss-marienburg.de**
> ● **ÖPNV: RE bis Bahnhof Nordstemmen**

Wie im Film

 67 *Erlebnisse auf der Gilde Parkbühne*

Im Sommer bei schönem Wetter will man doch eigentlich nur eins: draußen sein. Und dabei am besten noch etwas Einzigartiges erleben – ein Konzert zum Beispiel. Musik auf den Ohren, während die Sonne über der Stadt untergeht und die Wolken am Himmel rot leuchten lässt. Ja, Open-Air-Bühnen haben so ihren Charme. Und Hannover hat mit der Gilde Parkbühne einen Open-Air-Veranstaltungsort, an dem draußen zu sein und etwas zu erleben perfekt zusammenpassen. Von Mai bis September finden hier regelmäßig Konzerte, Theater- und Comedy-Vorstellungen statt, auch fürs Public Viewing zu Europa- oder Weltmeisterschaften kommen hier viele Hannoveraner zusammen. Ihre beliebteste Veranstaltung ist aber im Sommer das Kinoerlebnis im Freien: das Seh-Fest. Jedes Jahr von Mitte Juli bis Mitte August wird die Gilde Parkbühne zu einem Freiluftkino. Wer möchte, darf sich zum Filmerlebnis ganz nach seinen Vorstellungen mit Essen und Getränken ausrüsten. Denn für den Seh-Fest-Abend dürfen ein gut gefüllter Picknickkorb, eine gemütliche Decke und kühle Getränke nicht fehlen. Das Seh-Fest und ein gutes Picknick mit Freunden gehören einfach zusammen. So vergeht die Zeit bis zum Eintreten der Dunkelheit und damit bis zum Start des Films viel schneller. Gezeigt wird eine kunterbunte Filmauswahl verschiedener Genres – Klassiker und neue Filme, beliebte Filme vergangener Seh-Feste, was fürs Herz und was zum Lachen. Wer Tickets haben möchte, muss sich beeilen – meist sind die Karten für die beliebte Veranstaltungsreihe schnell vergriffen. Wer aber ein Ticket bekommt, der sichert sich damit ein unvergessliches Erlebnis im Grünen. Keine Tüte Popcorn, sondern direkt ein ganzes Picknick, kein Kinosessel, sondern ein gemütliches Beisammensein auf Holzbänken oder Decken im Gras. Und wenn die Sonne dann hinter der Bühne verschwindet und die ersten Leckereien schon längst verzehrt sind, startet der Film – auf der grünsten Bühne Hannovers.

⊙ Gilde Parkbühne, Ferdinand-Wilhelm-Fricke-Weg 8, 30169 Hannover
www.seh-fest.de, www.gilde-parkbuehne.de
⊙ ÖPNV: U-Bahn 3 oder 7, Haltestelle Stadionbrücke

Sommer, Sonne, Ihme

68 *Chillen in der Beachbar Strandleben*

Weißer Sand zwischen den Zehen, der nach einem kleinen Bad richtig an den Füßen klebt. Weicher schöner Sand, der sich so wunderbar an den nackten Füßen anfühlt. Dazu einen eisgekühlten Cocktail in der Hand, der einen binnen weniger Schlucke an die schönsten Urlaubsorte bringen kann – zumindest in Gedanken. Kombiniert mit dem Blick auf das Wasser, auf dessen Oberfläche die Abendsonne in den letzten Stunden des Tages glitzert. Klingt nach Urlaub, nach Seele baumeln lassen, nach Glücklichsein – und nach dem Strandleben auf der Fährmannsinsel. Zwischen Linden und der Nordstadt gibt es hier das Rundum-wohl-fühl-Paket für den Sommer in Hannover – Liegestühle, jede Menge Sand, kalte Drinks, coole Leute. Im Jahr 2005 wurde auf der Fährmanns-insel, wo sich die Ihme und Leine treffen, der künstliche Sand aufge-schüttet und damit die Ära der Strandbar eingeläutet. Am Nachmittag kommen hier junge Familien her, die Kinder buddeln im Sand, während die Erwachsenen die pralle Sonne genießen. Das Strandleben macht sei-nem Namen alle Ehre, denn an diesem Strand lässt es sich wirklich leben. Hier lässt es sich aushalten. Gleichzeitig ist es hier total lebendig, hier kommen Lindener wie Nordstädter gleichermaßen her, wie Hannoveraner aus anderen Stadt-teilen. Im Sand sitzen, sich sonnen und wenn es zu warm ist, dann ab in die Leine oder die Ihme zur Abkühlung.

TIPP Wen es auf das Was-ser zieht, der kann direkt beim Strandleben ein SUP-Board ausleihen.

Noch schöner als die Nachmittage sind aber die Abende in der Strandbar: Der Blick geht Richtung Westen über die Leine zur Dornröschenbrücke. Und wenn der Tag sich langsam dem Ende neigt, kann man hier einen wunderschönen Sonnenuntergang beobachten. Die Lichterketten sorgen für eine romantische Atmosphäre, das rote Holzhaus der Bar wird ange-leuchtet. Und die Sonne verschwindet mit der Dornröschenbrücke im Vordergrund langsam hinter den Bäumen und hinterlässt noch ein schö-nes Farbenspiel. Und mit der untergehenden Sonne wäre dann auch das Urlaubsfeeling komplett – mitten in Hannovers Stadtgebiet.

Strandleben, Weddigenufer 29, 30167 Hannover
ÖPNV: U-Bahn 10, Haltestelle Glocksee

Inmitten von Weiden

69 *Landluft auf den Laher Wiesen*

Eine wunderbare Art, um die eigene Stadt zu entdecken, ist es, einfach durch die Straßen zu laufen. Man kommt nicht so schnell voran wie mit dem Fahrrad, aber genau das ist der Vorteil: Durch das langsame Gehen nimmt man die Umwelt viel besser wahr, hat genug Zeit, um nach rechts und links zu schauen und die Stadt zu erkunden, kleine Läden zu entdecken, ein gutes Restaurant zu finden oder einen schönen Park um die Ecke zu erkunden. Hannover bietet viele schöne, grüne Orte zum Spazierengehen. Genug, um jeden Sonntag den Sonntagsspaziergang in einem anderen Teil der Stadt zu machen. Oft neigt man dazu, im eigenen Terrain zu bleiben. Die Laher Wiesen sind aber ein guter Grund, um die heimischen Spazierpfade zu verlassen und den Spaziergang hierher zu verlegen. Bisher ist das Gebiet eher von den Anwohnern rundherum und der angrenzenden Stadtteile entdeckt worden. Also noch ein ziemlicher Geheimtipp und damit deutlich ruhiger als ein Spaziergang am Maschsee. In Lahe führen die Wege zwischen saftig grünen Weiden und bunten Obstwiesen hindurch. Auf umliegenden Pferdewiesen grasen niedliche Ponys und kräftige Haflingerpferde. Sie stecken den Kopf ins Gras, kauen lauthals und blicken dann wieder auf. Manchmal kommen sie sogar bis zum Zaun gelaufen, weil sie so neugierig sind. Das Hufgetrappel auf den Wiesen und das Wiehern der Tiere gibt dem Spaziergang durch die Laher Wiesen eine ganz besondere Geräuschkulisse. Das 66 Hektar große Gebiet ist so herrlich unaufgeregt und strahlt damit eine besondere Ruhe aus. Der Laher Graben schlängelt sich zwischen den Wiesen hindurch, wie auch die Spaziergänger auf den Wegen. Hier ist der Begriff Naherholung wirklich in seiner wortwörtlichen Bedeutung getroffen und zeigt: Es muss nicht immer ein großer See oder ein kunstvoll gestalteter Park sein. Manchmal sind der Duft der grünen Wiesen und das Wiehern von Pferden genug, um sich auf die Natur einzulassen – und abzuschalten.

TIPP Einen Abstecher zur Grasdachsiedlung am Rande der Laher Wiesen einplanen.

Laher Wiesen, Am Laher Graben 5, 30659 Hannover
ÖPNV: U-Bahn 3, 7, Haltestelle Paracelsusweg

Grünanlage mit Geschichte

70 *Historische Highlights im Von-Alten-Garten*

Genau zwischen zwei historischen Gebäuden, den ehemaligen Torhäusern, steht ein Torbogen. Sein Dach ist geschmückt mit einem in die Jahre gekommenen Geländer, umrahmt von zwei kräftigen Säulen. Ein Weg aus dunkelgrauem Kopfsteinpflaster führt in den Park. Durch den Torbogen hindurch blickt man ins Grüne. Die großen Bäume überragen die Gebäude um ein Vielfaches. Wiesen sind rechts und links des Eingangs. Der erste Eindruck, den man von dem Von-Alten-Garten in Linden hat, ist ein Mix aus pompösen historischen Überbleibseln und grünen Naturelementen. Auch im Park trifft man immer wieder auf Bruchstücke aus alten Zeiten. Tatsächlich hat der Von-Alten-Garten eine lange Geschichte hinter sich: Ursprünglich im Besitz der Familie von Alten wurde er Ende des 17. Jahrhunderts an die Familie von Plauen verpachtet, die daraus einen Barockgarten machte. Ein Jahrhundert später kam er wieder in den Besitz der Familie von Alten zurück, die ihn zu einem Landschaftsgarten umgestaltete. Nach und nach wurde der Von-Alten-Garten mehr und mehr der Öffentlichkeit zugänglich gemacht. Heute ist er eine städtische Grünanlage, die vielen Menschen als Ort der Ruhe und Erholung dient. Schüler der anliegenden Integrierten Gesamtschule Linden, Kinder der Kita am Park sowie Bewohner des Seniorenzentrums füllen die Parkanlage täglich mit Leben. Doch auch für viele andere Lindener ist der Garten mittlerweile ein beliebtes Ausflugsziel geworden. Im Jahr 1997 kaufte die Stadt Hannover den letzten privaten Teil des Parks. Hier können Hannoveraner heute zwischen 150 Jahre alten Bäumen sitzen. Der Höhepunkt des Parks. Unter den mächtigen Kronen der Buchen gibt es ausreichend Schatten. Auf den alten Steinen des Schlosses lässt sich an Sommertagen die Sonne genießen – historische Überbleibsel versüßen hier den Alltag der Gegenwart.

○ **Von-Alten-Garten, Von-Alten-Allee, 30449 Hannover**
○ **ÖPNV: U-Bahn 9, Haltestelle Lindener Marktplatz**

Die maritime Seite

71 *Der Yachthafen am Mittellandkanal*

Laue Sommermorgen haben ihre ganz besondere Magie. Es ist ein bisschen wie die Ruhe vor dem Sturm. Noch schlafen die Bewohner der Stadt und alles ist still. Es sind keine Autos auf den Straßen unterwegs. Stattdessen hört man die Geräusche der Natur besonders gut. Die Vögel zwitschern um die Wette – fast, als würden sie wissen, dass ihr Gesang später im Trubel der Stadt untergeht. Einige Enten treiben sanft über den Kanal, dessen Oberfläche noch ganz glatt ist. Die frische Morgenluft fühlt sich angenehm auf den Wangen an. Die Bäume und Wiesen sind um diese Zeit nur schattenhaft zu erkennen. Doch am Horizont geht die Sonne langsam auf und schenkt ihnen ihre Farbe zurück. Der Tag in Hannover beginnt – und das ist besonders schön hier am Yachthafen am Mittellandkanal. Für einen Sonnenaufgang wie diesen lohnt sich das frühe Aufstehen. Auch wenn es schwer ist, aus dem Bett zu kommen, wenn es draußen noch dunkel ist. Die Belohnung sind die satten Farben der Sonne am Morgen und die sanfte Ruhe der Stadt, bevor in wenigen Stunden das Großstadtleben beginnt. Und wenn man es schon so früh aus dem Bett

TIPP Ein leckeres Frühstück im Anschluss an den Sonnenaufgang gibt's im „Kaffee kann ich" in der List.

geschafft hat, lässt sich die gewonnene Zeit besonders gut nutzen: Mit einer kleinen Fahrradtour am Mittellandkanal entlang, einem morgendlichen Besuch im Lister Bad oder einem gemütlichen Spaziergang. Der Yachthafen bietet außerdem die Möglichkeit, die maritime Seite von Hannover zu erleben. Hier liegen rund 45 Boote an den Stegen, bereit für ihre Ausfahrt auf dem Mittellandkanal. Fühlt sich plötzlich gar nicht mehr nach Hannover an, sondern eher nach der französischen Côte d'Azur. Wenn es nach dem gemütlichen Start in den Tag etwas sportlicher sein soll, kann man hier auch ein Boot ausleihen und über das Wasser schippern. Und für alle, die eher Nachteule als früher Vogel sind: Statt des Sonnenaufgangs lässt sich rund um den Yachthafen auch genauso der Sonnenuntergang anschauen. Das gleiche Spektakel nur andersherum. Der Sturm vor der Ruhe, die Sonne taucht Natur und Stadt in schönes Licht, bevor sie verschwindet – zumindest bis zum Sonnenaufgang am nächsten Morgen.

Yachthafen Mittellandkanal, Werftstraße 19, 30163 Hannover
ÖPNV: U-Bahn 2, Haltestelle Großer Kolonnenweg

Gemeinsames Gärtnern

72 *Der Palettengarten Linden-Nord*

Keinen eigenen Garten zu Hause? Kein Problem. Urban Gardening, also das gemeinsame Gärtnern auf meist nicht allzu großem Raum in Stadtgebieten, liegt seit Jahren im Trend. Während die Städte durch neue Bauprojekte immer dichter werden, wächst der Wunsch ihrer Bewohner nach Grünflächen zur Erholung ebenso wie zur Nutzung. Und so hat sich auch in Hannover das Prinzip des städtischen Gärtnerns etabliert. Die Idee ist einfach: Aus einer bisher ungenutzten Fläche wird ein gemeinschaftlicher Garten, jeder kann mit einem eigenen Beet dazu beitragen. Egal ob der Sinn nach Kürbis und Kartoffeln oder eher nach Tomaten und Karotten steht, hier sind den gärtnerischen Vorlieben keine Grenzen gesetzt. Aus vielen Einzelbeeten, die mit Liebe gepflegt werden, wird dann ein bunt zusammengewürfelter Garten. So auch im Pagalino, dem Palettengarten des Vereins Transition Town in Linden-Nord. Direkt am Freizeitheim Linden ist mit dem Pagalino vor mittlerweile über acht Jahren ein Ort entstanden, an dem das gemeinsame Gärtnern verbindet. Hier kann man sich ausprobieren, austauschen und jede Menge Spaß haben. Jeder, der will, kann hier die Verantwortung für eine Kiste übernehmen und sich selbst mal als Gärtner versuchen. Die meisten Beete auf dem grünen Gras sind aus Holzpaletten. Aber es gibt auch einige Beete der etwas anderen Art, wie einen bepflanzten Einkaufswagen oder besonders liebevoll dekorierte Beete. Neben Gemüse, Obst und allerlei anderen Pflanzen ist hier auch ein Insektenhotel zu finden, ebenso wie ein Erdhaufen extra für Erdhummeln. Der Pagalino ist ein einladender Ort – zum Pflanzen, zum Entspannen, einfach zum Genießen. Ein bunter Haufen Beete, die alle verschieden sind und doch ein stimmiges Gesamtbild ergeben. Die Liebe zum Detail ist hier offensichtlich. Und vielleicht wächst mit einem Besuch ja auch die Lust, selbst die Schaufel in die Hand zu nehmen und etwas anzupflanzen. Es ist schließlich kein Geheimnis, dass selbst Geerntetes am besten schmeckt.

● Palettengarten Linden-Nord, Windheimstraße (hinter Freizeitheim Linden), 30451 Hannover
● ÖPNV: U-Bahn 10, Haltestelle Ungerstraße

Zeitlos

73 Stunden verbummeln im Uhrwald

Die Zeit vergessen. Was so schön klingt, kommt im Alltag leider viel zu selten vor. Meistens ist schließlich alles durchgeplant. Der eine Termin morgens, wenige Stunden später der nächste, dann vielleicht eine Stunde für das Mittagessen, aber keine Sekunde länger. Denn danach steht schon wieder etwas Neues auf dem Programm. Klar, der Tag hat nun mal nur begrenzt Stunden und die wollen genutzt werden. Gerade deshalb ist es so wichtig, sich manchmal auch bewusst die Zeit zu nehmen, um nur eins zu tun: die Zeit zu vergessen. Und genau dafür gibt es in der Südstadt den passenden Ort. Der Uhrwald der Wohnungsgenossenschaft Gartenheim ist ein kleiner Garten – an dem „die Zeit einfach mal kurz stehen bleiben kann", wie es auf der Infotafel zum Uhrwald steht. Es ist ein bisschen, wie in eine andere Welt abzutauchen. Während auf der Hildesheimer Straße der Verkehr tost, wartet hier – direkt an der viel befahrenen Straße – ein Ort der Ruhe. Eine wahre Oase mitten in Hannover. Hier wurde ein Straßenschild mit der Aufschrift „Platz der Möglichkeiten" aufgestellt, eine kleine Brücke führt über den grün gefärbten Teich. Wer genau hinschaut, entdeckt zwischen den hochgewachsenen Bäumen und den wild wuchernden Pflanzen Eulen aus Holz und Drachen oder Löwen aus Stein. Immer wieder laden idyllische Plätze in dem kleinen Park dazu ein, sich hinzusetzen und diese wunderbare Atmosphäre auf sich wirken zu lassen. Und genauso macht man das, wenn man die Zeit vergisst. Plötzlich hat man ganz viel Zeit, um wahrzunehmen, zu reflektieren und zu genießen. Einfach auf einem Stein sitzen mit Blick auf das Efeu und den Geräuschen der Natur im Ohr, dem Quaken der Frösche und dem Zwitschern der Vögel. Dabei fühlt sich der Kopf so herrlich frei an, frei von jeglichem Zeitdruck. Damit das Vorhaben gelingt, die Armbanduhr abmachen, das Handy ausschalten und sich einfach mal treiben lassen. Denn wie kostbar Zeit wirklich ist, wird einem doch erst klar – wenn man sie mal bewusst vergisst.

Uhrwald, Hildesheimer Straße, 30173 Hannover
ÖPNV: U-Bahn 1, 2, 8, Haltestelle Altenbekener Damm

Ausflug ins Grüne

74 *Entdeckungen an der Alten Leine*

Die Leine und Hannover gehören einfach zusammen. Auf ihrer Gesamtlänge von 280 Kilometern durchkreuzt sie die Landeshauptstadt – und ist jedem Hannoveraner bekannt. Südlich von Hannover zwischen Koldingen und Wülfel gibt es aber einen Leinearm, dessen Bekanntheitsgrad deutlich geringer ist: die Alte Leine. Sie ist Teil des Landschaftsraums südliche Leineaue, der mit den Ricklinger Kiesteichen, der Leinemasch und den Koldinger Seen viel zu bieten hat. Etwas im Schatten steht dabei die Alte Leine, die an der Ziegenbocksbrücke zwischen Wülfel und Alt-Laatzen auf die Leine trifft. Ein guter Startpunkt für eine Wanderung oder eine Fahrradtour ist die Leinebrücke an der Wilkenburger Straße in Wülfel. Von hier aus geht es am Fluss entlang. Noch heute ist die Alte Leine ein wichtiger Flutarm der Leine. Die meiste Zeit über fließt sie aber eher träge vor sich hin und schlängelt sich über eine Länge von 12 Kilometern durch die Landschaft. Der Flusslauf ist so verschlungen, dass man ihm nicht direkt folgen kann. Aber das bietet die Möglichkeit, in der Natur rundherum noch viel zu entdecken. Man läuft an grünen Wiesen und an Bäumen vorbei, lauscht dem Plätschern des Wassers oder dem Zwitschern der Vögel. Das ist Natur pur. Dann gelangt man wieder zur Alten Leine, die hier ihre nächste Kurve zieht, bevor man nach 2 Kilometern das Wiesendachhaus erreicht. Der Biergarten ist mitten im Naturschutzgebiet und sehr ruhig gelegen. Nur zu Fuß oder mit dem Fahrrad kann man das Ausflugslokal erreichen und damit ist es ideal für eine Pause zwischendurch – mitten im Grünen. Für einen kurzen Ausflug ist der Biergarten auch der Wendepunkt, an dem man wieder umkehren kann. Der längere, aber ebenso schöne Weg führt auf der anderen Seite der Alten Leine über den Steinfeldsee. Dort gibt es eine schöne Aussichtsplattform, mit tollen Ausblicken in die Natur. Nach einer Strecke von 10 Kilometern kommt man wieder am Ausgangspunkt an. Aber eins hat sich geändert: das hannoversche Herz schlägt nun auch für die Alte Leine.

● **Alte Leine, Wilkenburger Straße, 30159 Hannover**
● **ÖPNV: U-Bahn 1, 2, Haltestelle Am Brabrinke**

Dem Wald so nah

75 *Unterwegs im Mecklenheider Forst*

Der Waldboden ist so weich, dass er bei jedem Schritt etwas nachgibt. Fußspuren hinterlassen gehört hier dazu. Vor allem, wenn es erst vor Kurzem geregnet hat und der Boden noch etwas matschig ist. Wohin der Weg führt, kann man nicht sehen. Er verliert sich im Grün der Bäume. Überhaupt ist es hier grün so weit das Auge reicht. Am Boden wachsen Pflanzen, einige hellgrün leuchtend, andere in einem etwas kräftigeren Grünton. Sie bilden einen schönen Kontrast zum dunklen Braun des Waldbodens an anderen Stellen. Die Bäume stehen dicht an dicht – Eichen, Kiefern, Buchen und Fichten. Sie hinterlassen Laub, Nadeln und Zapfen auf dem Boden. So raschelt und knackt es, wenn man langsamen Schrittes vorangeht. Die Bäume sind hochgewachsen, was ein Blick nach oben beweist. Nur ein wenig ist der blaue Himmel an diesem schönen Tag durch die Decken aus Baumkronen zu sehen. Doch zum Glück gibt es diese Lücken, denn nur dadurch findet die Sonne ihren Weg in den Mecklenheider Forst. Wie ein natürlicher Scheinwerfer bringt sie einige Teile des Waldes zum Leuchten, sorgt für Schattenspiele auf dem Boden. Ja, hier ist man mitten im Wald – und es fühlt sich gut an. Ständig raschelt etwas im Unterholz, der feuchte Waldboden duftet – ein Mix aus nasser Erde, alter Rinde und frischen Blättern. Ein schöner Ort für einen Spaziergang mit dem Hund oder um zu joggen oder mit Freunden zu walken. Zum Beispiel von der Schulenburger Landstraße einmal quer durch den Forst bis zum Kinderwald, ein Waldabschnitt, den Kinder und Jugendliche nach ihren Wünschen gestaltet haben. Die Idee dahinter: Kindern das Erlebnis des Waldes näherbringen. Der Wald spielt nicht nur eine wichtige Rolle für das Klima und die Arten, sondern er ist ein wunderbarer Zufluchtsort zur Erholung, als Schattenspender an heißen Tagen oder als Streckengeber für die Laufrunde. Man kann einfach hierherkommen, wenn die Großstadt nervt.

· ·

▶ Mecklenheider Forst, Schulenburger Landstraße, 30419 Hannover
▶ ÖPNV: U-Bahn 6, Haltestelle Nordhafen

Idylle am Flussufer

76 *Am Leinewehr Döhren*

Ein ruhiges Plätzchen am Flussufer findet sich in Hannover am besten am Leinewehr in Döhren. Vor über 45 Jahren wurde hier noch Schafwolle aus aller Welt gereinigt und gekämmt, heute hingegen ist es eine kleine Idylle. 2004 ließ die Stadt das denkmalgeschützte Wollewehr abreißen, weil es baufällig war. Um den Wasserstand der Leine zu regulieren, wurde eine schlichte Staustufe aus Beton gebaut. Vom Leinewehr aus lässt sich das Wirbeln der Leine auf der Stufe gut beobachten. Mit viel Schwung und einem Klatschen stürzt das Wasser fast herunter. Ein richtig munteres Treiben an der oft so gemächlich wirkenden Leine. Auf den kantigen Steinen am Rande der Leineinsel zu sitzen, ist eine gute Möglichkeit, um dem fließenden Wasser hinterherzublicken, das Rauschen des Wassers in den Ohren. Am anderen Ufer gibt es einen kleinen Strand. Er passt wunderbar ins Bild, umringt von Grün. Das fast menschenleere Ufer hat sehr feinen Sand und ist über einen Trampelpfad vom Johann-Duve-Weg erreichbar. Doch eigentlich ist der Ausblick auf ihn viel schöner, als dort zu sein. Der Strand also im Hintergrund und die Leine davor, die fleißig vor sich hin fließt und damit auch an das Leben erinnert. Tagtäglich dreht sich die Uhr weiter, neue Dinge passieren, einige Gelegenheiten nehmen wir wahr, andere ziehen einfach vorüber. Vielleicht halten wir mal kurz die Hand in das Wasser, das stetig weiter flussabwärts fließt. Der Strom hat eine enorme Kraft. Mal treibt ein Ast vorbei, manchmal sind es Blätter, doch es kommt immer wieder etwas Neues nach. Die Leine fließt unermüdlich weiter. So ändert sich alles und bleibt trotzdem gleich. Etwas weiter flussabwärts verliert die Leine wieder an Geschwindigkeit und treibt gemächlich vor sich hin. Und nur ein paar Minuten hier schenken einem die Erkenntnis, dass in Ruhe alles viel einfacher funktioniert.

Leinewehr Döhren, 30519 Hannover
ÖPNV: U-Bahn 1, 2, 8, Haltestelle Peiner Straße

Botanische Weltreise

77 *Der Park am Westfalenhof*

Vom Bünteweg kommend, fällt der Westfalenhof direkt ins Auge: Das hellgelbe Gebäude kommt prunkvoll im Stil eines adeligen Landhauses daher. Doch obwohl allein der Anblick des Gebäudes, das zum Gebiet der Tierärztlichen Hochschule zählt, zum Nähergehen einlädt, machen das nur wenige. Aber vermutlich ist genau das der Grund, warum sich der Besuch lohnt. Denn so ist man im Park, der rund um das Gebäude liegt, fast allein. Der Westfalenhof selbst ist heute ein botanisches Institut und dazu passt auch der Park: Hier haben rund 200 verschiedene Pflanzen aus aller Welt ein Zuhause gefunden und sich im botanischen Garten des Westfalenhofes prächtig entwickelt. Den Garten gibt es schon seit rund 100 Jahren, mittlerweile ist die Fläche durch den Bau verschiedener Gebäude der Hochschule geschrumpft. Aber das passt zum Charme des Parks: etwas versteckt, eher unbekannt, etwas kleiner. Den Mittelpunkt des Parks bildet ein kleiner Teich, um den ein Weg herumführt und der dazu einlädt, verschiedenste Pflanzenarten zu entdecken. Nahezu jeder Kontinent hat hier durch eine heimische Pflanze seinen Fußabdruck hinterlassen. Und so kann man sich im Park des Westfalenhofes auf eine botanische Weltreise begeben und sich von exotisch anmutenden Pflanzen immer wieder überraschen lassen. Aber nicht nur Hobbybotaniker kommen hier auf ihre Kosten, der Park ist auch für all jene gemacht, die den Trubel der Stadt meiden wollen. Die kleinen Wege und Pfade sind verschlungen angelegt, unterwegs trifft man immer wieder auf ein lauschiges Plätzchen: Hier steht eine Bank mit Blick auf den kleinen Teich, dort ist eine Mauer aus Steinen, auf die man sich setzen kann. Auch ein Stopp auf der anderen Seite des Sees am kleinen Teehäuschen lohnt sich. Von hier aus ist der Blick auf das Wasser einmalig: eingerahmt von großen und prächtigen Bäumen, das Licht der Sonne spiegelt sich leicht in dem Wasser. Es ist ruhig – und man kann wunderbar die Seele baumeln lassen.

⊙ Park am Westfalenhof, Bünteweg, 30559 Hannover
⊙ ÖPNV: U-Bahn 6, Haltestelle Bünteweg/Tierärztliche Hochschule

Aktiv in der Südstadt

78 *Das pralle Leben am Bertha-von-Suttner-Platz*

Grüne Glücksorte sind oft auch die, die man direkt vor der Haustür hat. So wie die Südstädter den Bertha-von-Suttner-Platz. Es sind die Ecken und Plätze, die schon so selbstverständlich zum Alltag dazugehören, dass man sie gar nicht mehr bewusst als einen besonderen Ort wahrnimmt. Vielleicht läuft man jeden Tag an ihnen vorbei, kreuzt sie sogar auf dem Weg zum Bus oder verbringt wie selbstverständlich sogar ein paar Stunden die Woche dort. Für Südstädter liegt der Platz direkt vor der Haustür, aber auch für Hannoveraner der anderen Stadtgebiete kann der Platz einen Ausflug wert sein. Denn am Bertha-von-Suttner-Platz gibt es alles, was das Herz begehrt, um sich dort an der frischen Luft aufzuhalten. Einen Spielplatz für die Nachwuchs-Hannoveraner, einen Sportplatz, um sich so richtig auszupowern, und Hochbeete vom Verein Essbare Südstadt, die Lust aufs Gärtnern machen. Zudem ist auf dem Platz mitten in der Südstadt eine große, grüne Wiese zu finden, die dazu einlädt, die freien Stunden draußen ganz nach den eigenen Wünschen zu gestalten. Jedoch steht eins fest: Wer nach Entspannung sucht, der ist hier an der falschen Adresse. Denn auf dem Platz herrscht ein munteres Treiben. Vorbeifahrende Autos, kreischende Kinder, Gespräche von Menschen – all diese Geräusche sorgen für den lebendigen Soundtrack des Platzes. Damit lädt die Wiese eher dazu ein, selbst aktiv zu werden. An schönen Tagen vielleicht das Fitnessprogramm vom Wohnzimmer auf den Platz verlegen, eine Runde Badminton mit der Familie spielen und damit die Größe der Wiese ausnutzen, oder die im Keller verstaubten Schläger an der Tischtennisplatte mal wieder einsetzen. Eigentlich gibt es dank des Platzes keine Ausrede mehr, nicht raus an die frische Luft zu gehen. Denn auch wenn eigentlich die Zeit fehlt, kann man hier mal nur für einen kurzen Moment auf einer der Bänke frische Luft schnappen, bevor der Alltag weitergeht. Wenn es ein aktiver Tag direkt vor der Haustür sein soll, dann lädt der Bertha-von-Suttner-Platz genau dazu ein.

• •

Bertha-von-Suttner-Platz, 30173 Hannover
ÖPNV: U-Bahn 1, 2, 8, Haltestelle Geibelstraße

Urlaub am See

79 *Tagestour zum Steinhuder Meer*

Für Urlaub am Meer müssen Hannoveraner nicht bis an die deutsche Küste fahren. Denn nur etwa 45 Minuten von der Stadt entfernt liegt das Steinhuder Meer. Und wie sein Name schon vermuten lässt, steht das Gewässer dem echten Meer tatsächlich in nichts nach. Das Steinhuder Meer ist gut 30 Quadratkilometer groß, der Naturpark drumherum sogar 420 Quadratkilometer. Das Wasser lädt zum Baden, Bootfahren, Segeln oder Surfen ein, die Umgebung zum Radfahren, Spazierengehen oder Wandern. Ein wirklich feiner Ort, um sich zu erholen. Und für das richtige Urlaubsfeeling eignet sich die Badeinsel in Steinhude ganz besonders. Über eine Brücke läuft man hier in Richtung Kurzurlaub. Schon bei der Überquerung zeigt sich ein schöner Blick auf den größten See in Nordwestdeutschland. Rechts und links liegen einige Segelboote im Wasser, dahinter wird der See immer größer und weiter. Auf der Insel angekommen, heißt es erst mal Strandquartier einrichten, entweder auf der saftig grünen Wiese oder aber im weichen Sand. Dann die Luftmatratze aufblasen, den Ball schnappen – oder doch noch schnell eincremen? – und ab ins Wasser. Der Einstieg ins Wasser ist sehr flach, deshalb können auch Familien mit kleinen Kindern hier gut baden. Auf der Insel lässt sich dank ihres Angebots ein ganzer Tag verbringen. Es gibt Duschen und Toiletten, Gastronomie, einen Spielplatz, einen Steg, um die Aussicht zu genießen. An richtig heißen Tagen kann es hier natürlich schon mal voller werden, aber die Insel ist groß genug, dass sie für alle Platz bietet. Wer es etwas ruhiger haben will, der findet an der westlichen Seite der Insel kleine Stege und Möglichkeiten, um ins Wasser zu gehen. Und wenn dann die Sonne langsam an Kraft verliert, die ersten Badegäste Richtung Heimat aufbrechen und der Abend über dem Steinhuder Meer hereinbricht, lässt sich hier ein wunderschöner Sonnenuntergang anschauen. Die Füße im Sand, die Farben der untergehenden Sonne auf der Haut und die Erinnerungen an einen schönen Badetag im Herzen – das ist Urlaub in Steinhude.

● Steinhuder Meer, Lindenhopsweg 23, 31515 Wunstorf
● ÖPNV: Bus 710, 711, Haltestelle Steinhude Hafenstraße